復刻にあたって

「冒険遊び場」にかかわる多くの人の要請で，この本が復刻されることをうれしく思う。初版が出た今から36年前，この語は翻訳で生まれた造語にすぎなかったが，今では形態や名称はいろいろであるものの，全国に200以上の実体がある。

復刻をいちばん喜んだはずの璋子は，残念なことに昨年末ガンで死亡した。この翻訳がきっかけで，私たちの人生はその後大きく変わったが，特に璋子は，当時の英語教員の仕事を辞め，結局，遊び場づくりとその普及をライフワークにしてしまった。

発刊直後の新聞書評などが，この仕事の重要性を再認識させてくれたのに始まり，2年後に夫婦で出かけた現地訪問の影響が大きかった。海外旅行は未だ一般には敷居の高い時代だった。子供の遊びを支える各地の活動に大きな感銘を受け，二人でたくさん写真を撮って帰国した。若かった私たちには，もはや本に学ぶ時ではなく，実際に行動すべき時に来ていると思えた。

早速，ボランティア活動組織「あそぼう会」を立ち上げ，近くの空地で夏期限定の実践を開始した。「広げたい冒険遊び場の試み」と題する社説が読売新聞に載ったのはそのときで，この小さな試みが全国紙の社説になったことに，私たち自身驚いた。それは発刊6年後に始まった世田谷区と協働の「羽根木プレーパーク」開設の礎となった。ボランティア活動を始めた1975年は，東京特別区の区長が公選となった年で，世田谷区は自治のあり方を模索していた。そんななかで，私たちの活動が住民と行政の信頼関係づくりに役立ったのだと思う。

羽根木プレーパークが始まった年，当時「国際遊び場協会」と呼んだIPAの日本支部が結成され，璋子は代表に選ばれた。その仕事は1990年の第11回IPA世界大会東京開催終了まで続いた。璋子は，公園での実践活動と同時に，志を同じくする国内外の仲間とともに，子供の遊びを活性化するための環境づくり運動に取り組みだした。協会はNGOで財政状況が厳しかったため，家計をやりくりして渡航費をつくり，世田谷の自宅をオフィスにして，子育てをしつつの仕事であった。

そんな暮らしのなかで，この本は私たちのパイロット役を果たした。何か壁に直面したとき，私たちはいつもこの本に立戻った。本の最後のフレーズ「実験を恐れるな。想像力は単純さと手を結んで進む」に，いつも励まされてきた。この本は私たちのいわばバイブルであった。

復刻に際して読み返すと，機構が変わったところや，今ならこうは訳さないと思う部分がいくつか目につくのだが，誤りでない限りできるだけ当時のまま残すことにした。ただ「プレイパーク」を「運動公園」とした訳は，当時の学会の都市計画用語辞典によったものだが，実体と異なる。今日各地で広く用いられていることもあり，カナ表記に改めた。今日「プレーパーク」と使われ

i

ることが多いが，これを直すと「プレイリーダー」等の仮名表記をすべて改める必要が生じ，できるだけ当時のままにする方針に合わせた。

　復刻のきっかけとなったのは，最近の日本の冒険遊び場づくりにかかわる人々の要請であったことは最初に書いたが，その状況について若干触れておきたい。

　私は今，NPO法人「日本冒険遊び場づくり協会」代表をつとめるが，協会が把握している活動団体は34都道府県にわたり230にのぼる。10年前から毎年10団体ほどが活動を始め，年々増加の傾向にある一方，活動を休止する団体もある。

　運営主体は市民活動団体が8割を超え，指定管理・委託・補助など8割以上が行政と協力関係にある。しかしプレイリーダーの費用やその他の事業費などはかなりの幅があり，活動休止などの原因となり得ることをうかがわせる。活動場所は都市公園・児童公園などの公共用地が圧倒的に多い。開催頻度は週5日以上開催が1割，週1〜4日が約3割，月1〜数回が4割，年数回が1割未満と幅があり，常時開催にはほど遠いものの，4年前の調査に比べてその頻度は増している。

　遊びに来る子供は，小学生低学年，小学生高学年，乳幼児が主流だが，開催日数の多いところでは，中学生，高校生，さらにそれ以上の幅広い年齢層を集めている。

　2007年にこの調査を担当した協会理事・梶木典子（神戸女子大）が，同年，研究室で独自に行った全国自治体に対する調査があるが，これを見ると行政サイドのこうした市民活動との協調姿勢の幅が読み取れて興味深い。

　私たちは活動の当初から，国民の高齢化に伴う当時の老人施策に比べて，一足遅れて急速に進むはずの少子化への取組がないことに憤りを感じていた。長期的視野に乏しい国の無策が，「今，わが子のために，自ら自衛せざるを得ない」と感じた親たちの遊び場づくり活動の要因となった。結果的に，私たちの活動が，行政に依存しすぎず，生活者のニーズを反映して自治体レベルから施策を構築する，地方からの自治の流れをつくることに一役かったことを誇りに思う。

　今日，少子化対策としての子育て支援施策が取り上げられるようになってきたことは喜ばしい。しかし，少ない人手で次代の地域の文化や経済を担わざるを得ない子供自身の，人としての生きる力を身につけるための施策は未だ不十分といわざるを得ない。「教育」の充実と，その定着媒体でありまた意欲形成媒体でもある「遊び」の充実に，確かな予算で，本腰を入れて取り組む必要がある。

　この本が，多くの人に，その現実を気づかせてくれる一助となることを期待している。

2009年9月　　　　　　　　　　　　　　　　大村 虔一

都市の遊び場

アレン・オブ・ハートウッド卿夫人

大村虔一・大村璋子訳

鹿島出版会

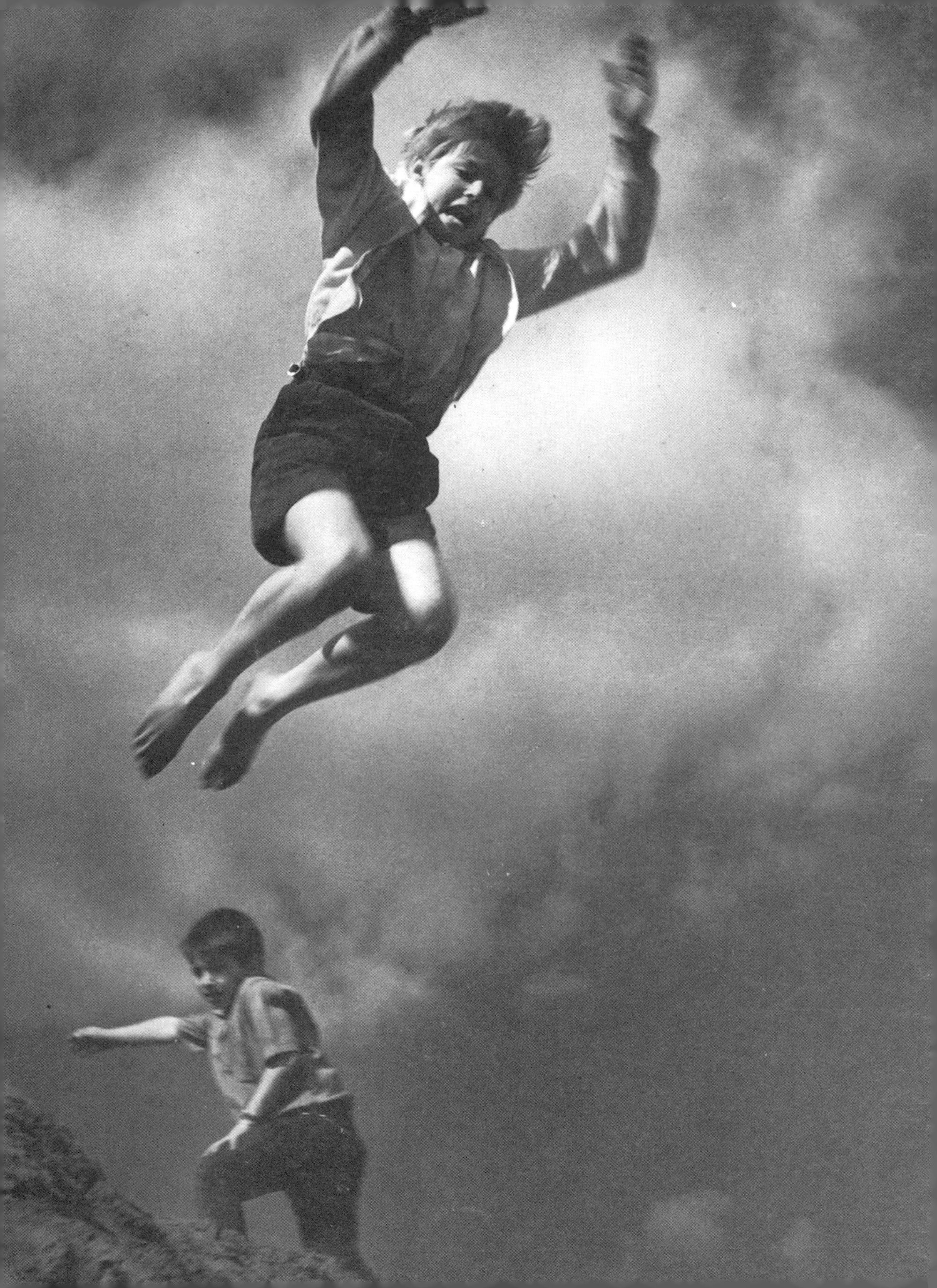

都市の遊び場　Planning for Play

「生きるよろこびは行動したり，ことを企てたり，努力することから得られるものであり，成功によるものではない」。クリストファー・ブラッシャー

PLANNNING FOR PLAY
by
Lady Allen of Hurtwood

Published by arrangement with Thames & Hudson, London
©Lady Allen of Hurtwood, 1968
This edition first published in Japan in 2009
by Kajima Institute Publishing, Tokyo.
Japanese edition ©Kajima Institute Publishing Co., Ltd.
Japanese edition published by arrangement
through The Sakai Agency

もくじ

復刻にあたって	i
序　C.Th. ソーレンセン教授	9
まえがき	9

I	11
序論	

II		23
「何々遊び」という名前のない遊び	バルコニーとストリートデッキ	24
	リーダーのいない遊び場	28
	ウィンスタンリーロード住宅地（イギリス）	26
	ランスマンスガーデン（スウェーデン）	28
	隔離とスケール	30
	土地造成	32
	地表仕上げと素材	34
	砂と水	35
	植樹	38
	維持管理	39

III		41
グループ・プレイ	保育学校	42
	キングスウッド保育学校（イギリス）	44
	プレイグループ	46
	住宅地の監督者のいる遊び場	48
	ワン・オクロク・クラブ	52

	IV		55
	冒険遊び場	リーダー	56
		委員会	56
		機会の多様性	58
		敷地とその利用	58
		ボランタリー組織と地方公共団体	63
		ノッティング・ヒル冒険遊び場（イギリス）	64
		アムステルダムの冒険遊び場（オランダ）とオーデンスガータン（スウェーデン）	71
		建設用地の遊び場	72
		レノックス・キャムデン遊び場（アメリカ）	72
		荒地・動物・菜園	79
	V		85
	プレイパーク	ストックホルム	85
		ロンドン	92
		ナンイートン	96
		ボーンホルム	98
		ニューヨーク	100
	VI		105
	近隣公園	ヤコブ・リース住宅地（アメリカ）	108
		ジョージ・ワシントン・カーバー住宅開発（アメリカ）	112
		アムステルダム	114
		臨時の遊び場になる空地	116

VII		119
特異な環境にある子供	病院のプレイグループ	121
	ヴェステラス（スウェーデン）	122
	セント・ジェームズ病院（イギリス）	123
	病院の冒険遊び場	124
VIII		127
身体障害児，情緒障害児，不適応児のための遊び	ホリデー・クラブ	127
	身障児の冒険遊び場計画	128
	情緒障害児	130
	クイーン・メアリィ病院（イギリス）	130
	デンマーク	132
	選び方教習センター（アメリカ）	133
	不適応児	135
IX		139
未解決の問題		
あとがき		140
注		141
引用写真出典		144
訳者あとがき		145
索引		146

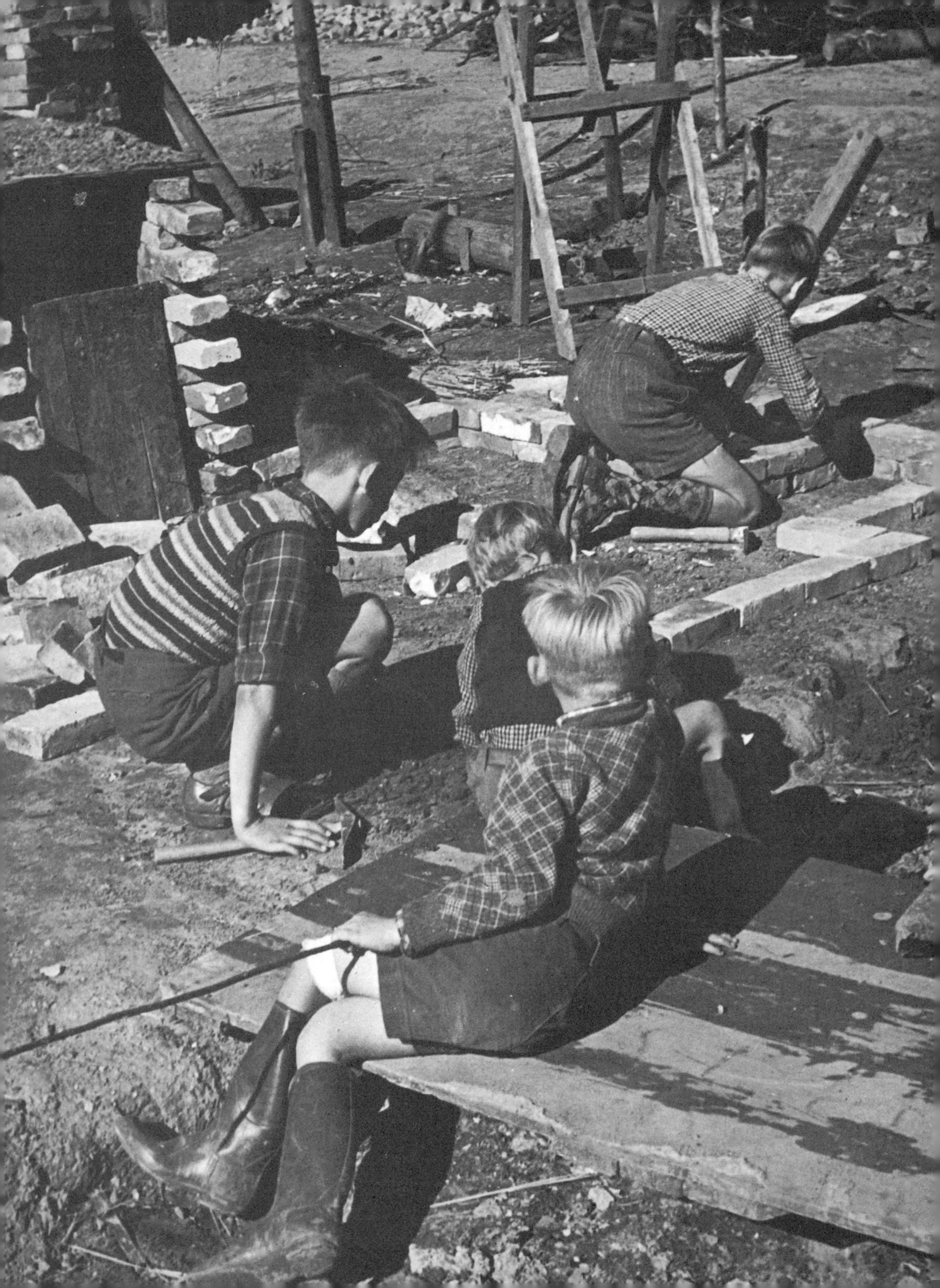

序　C.Th. ソーレンセン教授

デンマークでは，この20年間にたくさんのアパートが建てられた。特にコペンハーゲンではそうである。そこには庭園用の空間が確保されており，私は造園の仕事をすることができた。こんなことは以前にはなかったことである。ふりかえると，私の目的は明らかで正しかったのに仕事のできはよくなかったように思えて残念である。その目的とは，田舎の子供と同様に都会の子供にも創造的遊びの機会を与えたいということであった。

1931年に刊行された私の著書『都市と農村のオープンスペース』に，私は次のように書いた。「子供が古い車や箱や木材を使って遊べる適当な広さの廃材遊び場をつくってみるべきであろう。子供たちがあまり乱暴に争ったり怪我したりしないように，多少の監督が必要であったが，そんな監督は必要でなくなるかもしれない。」

このアイデアは，建築家ダン・フィンクに引きつがれ，1943年，最初の廃材遊び場が実現した。そして，ジョン・ベルテルセンという青年が最初のリーダーとなったのだが，この偶然のせいで，私はすべてのことには意味があることを信じるようになった。彼はみんなが見にきたがるようなものを創りだした。アレン卿夫人がエンドラップを訪れたのは，第2次大戦後の1945年のことである。そこで夫人は，価値があり将来性のあるものを見，ロンドンにいくつかがらくた遊び場をつくった。それは簡素で設備も乏しいものだったが，背後にある思想は正しかった。というのは，そこには子供が自分の力で何かを創造するチャンスがいろいろあり，子供は遊び場の王様だったからである。

これらに対して私の果した役割はたいへん小さいものである。それは，他の人が仕事をしたり，書いたり，研究したりするためのろうそくをともした人に喩えられよう。

この本の中で，アレン卿夫人はこうした計画にたずさわっている世界中の人びとについて書くだろう。というのは，これほどこの仕事に熱中している人は他にあまりいないからである。夫人は，子供と遊びとは限りなく変化するものであり，遊びの機会も無限の変化を必要とすることをよく知っているのである。

アレン卿夫人が『遊びのデザイン』，『冒険遊び場』，『プレイパーク』，『新しい遊び場』とこの本を書くのに，私が小さなさきがけの明りをともす役割を果したことをうれしく思う。その成果はあらわれ始めたばかりであり，将来はますます大きなものになるだろう。

まえがき

この本の目的は，子供の生まれつきの好奇心と活気を生き生きと持続させる方法を探究することである。この生き生きとして創造的な天性は，将来の成功や幸福にとって重要なものであり，もし幼い頃にかすんでしまえば，大きくなって再び現われることはないだろう。天性が開花できるような心のかよった環境をつくることが必要である。

この本のために選んだ遊び場についての試みは，新しく想像力にみちたものであり，その大部分は私が自分で見たり研究したりしたものである。それ以外にも多くの興味ある計画があり，それらについても関係者が書いてくれるといいと思う。いろんな経験があるのに，それについての報告書や刊行物はほとんどないのである。

この本でふれたテーマについても，それぞれもっと深い探究が必要である。なぜなら，遊びの準備をするにはいろいろな面にそれぞれの問題があって，独自の解決が必要だからである。既存のあらゆる情報を蓄積し公表することによって，成長しつつある職業集団に実際的な援助を与えることができる。彼らの仕事は，身体障害者を含む子供や青年に生活をエンジョイする最良の機会があるかどうかを見守ることである。

こころよく自分の経験を提供し，写真や図面を利用させてくれた世界中の人びとの寛大な支援に，はかりしれないほどの援助を受けた。その援助と関心にはげまされて，私は仕事を完成することができたのである。

「他人の方法で成功するより，自分の方法で失敗するほうがましである。」ドストエフスキー

◀ エンドラップ，コペンハーゲン

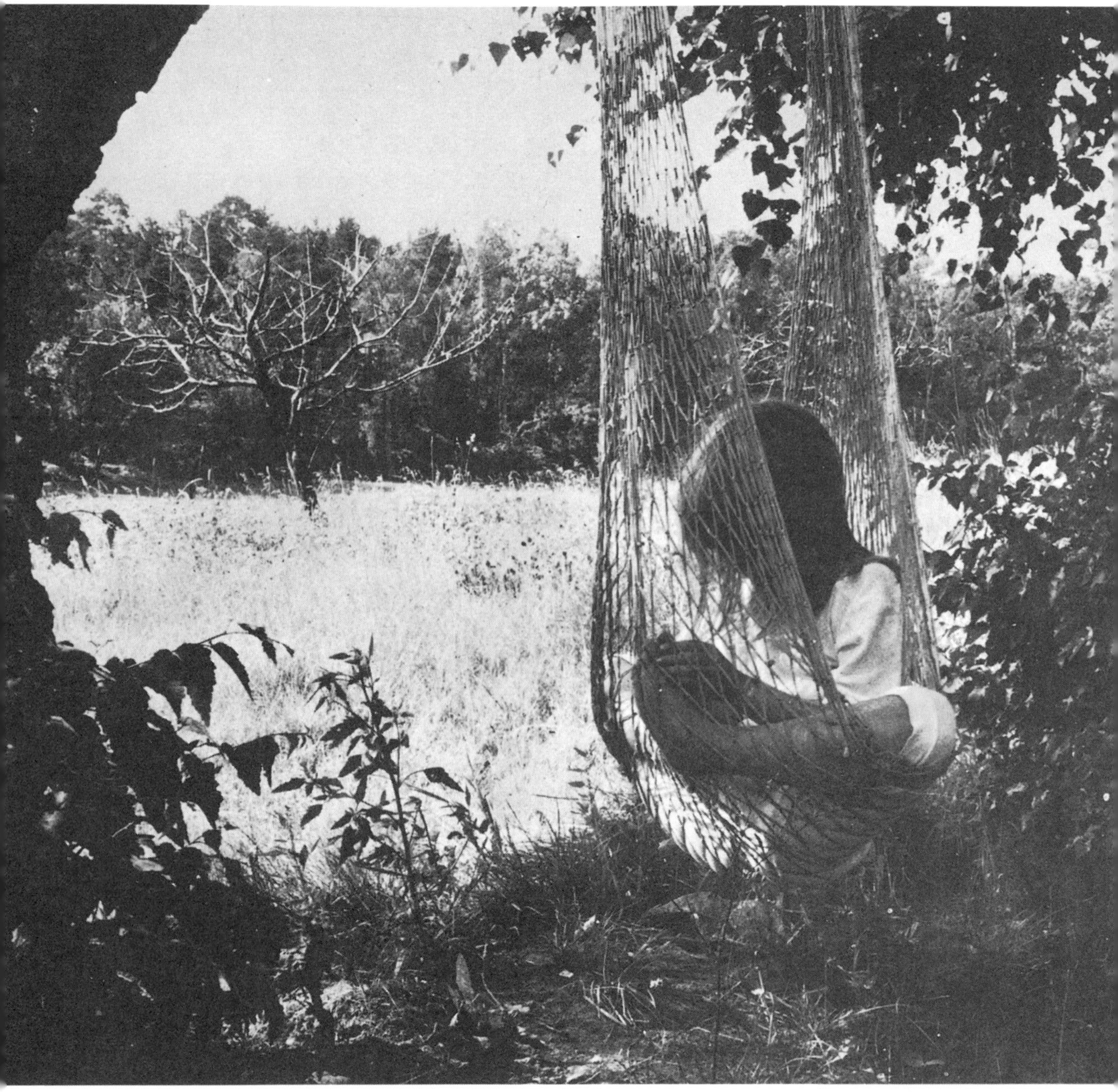

I 序論

体験されるまでは
何事も真実にならない。
キーツ

　遊びの機会について考えそれを計画する時に，決して忘れてはいけないことがある。それはどんな年齢の子供にとっても遊びは受動的な行為ではないということである。子供にとっても若者にとっても，遊びはすきな時に，すきなペースで，自分自身の発見をしたいという欲求の表現である。遊びはその最高の状態では，一種の探究なのである。それは，大人たちのあらゆる探求と同じように，非常に楽しい冒険や体験であるべきなのだ。

　いわゆる文明国の子供や若者は，以前にはなかった良い生活をしているはずである。例えば良い衛生状態にあり，おいしい食物をたべ，よりよい学校や住宅で暮しているなどということである。けれども，はかりしれない情緒的な貧困や欠乏がいぜんとして残されたままである。直接的な困苦は少なくなったかもしれないが，抑圧・精神病・暴力・非行・投薬などがふえているようである。

　現代文明がその苛酷な手で，子供ののびのびした遊びに介入している事実を直視すべきである。建物の周囲の土地利用はいぜんとして，そしてほとんどいつも，子供には不適切なものである。各国の大規模再開発計画は，たいていひどいもので，そこには愛も理解もみられない。この傲慢さ，創意の欠除，人間の価値とスケールの無視という現象は世界的な病であり，流行している悲劇のひとつなのである。デザイナーは自分のつくる建物と地上の人びとを結びつける新しい手段を考案すべきである。

　それについては何ができるだろうか。家の中やまわりの，子供にとって魅力あるものはほとんど破壊されてしまった。子供の遊びを魅惑する物陰や秘密は大部分一掃されてしまった。現代の住居は健康的で実用的であり，どんな片すみも有効に非常に巧みに設計されている。子供が自分だけの世界をつくる秘密の場所はなくなってしまった。子供がペットを飼ったり，趣味にふけったり，父親が本物の道具を使って働くのを見たりできた庭はなくなってしまった。

　薄明とか陰とか美しさとかが，成長する子供にとって食物や空気と同じほど重要であることが　この忙しい実利的な現代には忘れられがちなのである。アルベルト・アインシュタインは実に巧みにそれを指摘している。「体験しうる最も美しいものは神秘的なものである。それはあらゆる本物の芸術や科学の源泉である。この感動と無縁の人，驚いて立ちどまり，畏敬に心を奪われてたたずむことを忘れた人というのは死んでいるのに等しい。彼の眼は閉ざされているのである。」[1]

　どうしたらこの失われた神秘のいくらかをとりもどし，鋭い好奇心を生き生きと保つことができるのだろうか。病気でなければ，子供にはみんなのびのびとした活気がある。生来の好奇心や活気が，生活条件によって押しつぶされたり制限されたりすると，生き生きとした創造的衝動もまた押しつぶされてしまうだろう。

　米国国立教育協会の報告は，次の点を指摘している。

　「研究結果によれば，子供の生活史の最初の4，5年は身体と精神の特性の成長が最も早く，環境の影響に対して最も敏感な時期である。したがって，子供の成育にとって損失の最も大きいのはその初期であるといえる。経験によれば，活動の多様性，子供と大人の社会的，精神的関係の多様性に触れることにより，子供の学習能力は増進するものである。しかしこのような接触の機会を十分にもっている家庭は稀である……。家庭生活に必要なのは，互いに補いあうたくさんのこまごましたことであり，大きな方向を決定するようなことではない。しかしそれは是非必要なのである。」[2]

　動物の研究から類推できることもある。R.S.イリングワース博士によると，ある時期にかみ砕く木の実が与えられなかった赤リスは，後になって決してかみ砕く技能を習得しないということである。そしてまた，次のように述べている。

　「子供の神経系統にその準備ができるまでは，どんなに

練習しても子供を座らせたり、歩かせたり、他の技能をおぼえさせたりできない。一方、技能習得の遅れは、機が十分熟した時に、練習させずにしまうことに原因があると思われる。」[3]

このような基本的な要求がどうしたら最もよく満たされるかについては専門家の間でも意見が違うが、今ではたいていの人が、幼児特有の要求物があることを認めている。しかしあいにく、それに伴う実際的問題についてはほとんど考えられていない。

高密度住居地帯に住んでいる8歳以下ぐらいの幼児は、二つの大きな危険にさらされている。ひとつは孤独であり、もうひとつは自動車交通の危険である。おそらく孤独の方が重大な問題である。ロンドンでの最近の調査によると、高層住宅の3階以上に住む5歳以上の子供の72％は、安全な遊びの機会が与えられていないので、同じ年頃の子供と一緒に遊ぶのはきわめて稀であるという。[4] これは現代のプランナーがおかした重大な過ちである。

ドイツの軍人家族についてのファニング博士の研究、(1967年に行なわれた)によれば、高層住宅に住む女性の精神神経症の発生率は、普通の住宅の女性の約3倍であった。それは住宅の高さが増すにつれて高まるという結果になっている。10歳以下の子供の病気の率も高い。特に戸外へ出にくいために起こりやすい呼吸器の病気が多い。これも同じく、高層階へ行くに従って高率になっている。学齢期前の子供をもつ母親は、高層住宅にとじこもっているので、生活の単調さとけん怠のためいつもイライラしていたのである。一方、普通の住宅に住む幼児は母親を室内に閉じこめたりしない。反対に、自分たちが門口に群がって遊ぶ時にそこに母親たちを集め、母親たちの交際の機会をつくりだしたのである。

ファニング博士はこの研究を要約して次のように言っている。「若い母親や子供が社会から退き家に引きこもるパターンは、慢性の不健康を招き、健康のためのあらゆる主張に反するものである。」[5]

この問題は、1964年のチェコスロバキアのジリ・ムジル博士の高層住宅についての研究の中でさらに強調されている。すなわち、5歳以下の子供の半数以上は適当な遊び場がないため、大人がつきそわなければ戸外に出られないというのが実状なのである。その割合は住宅の高さが増すにつれて大きい。おかあさんと話すために1階にとりつけてある内線電話は、たびたび故障する。しかし、これは幼児にとって大切なものなのである。[6]

スウェーデンでの同じような研究からも、交通があまりに危険なので、幼児がひとりやあるいは友だちと家を離れることはほとんどないことがわかった。意見を聞かれた2,000人の母親のうち98％は、駐車場や他に考え得るどんな快適さにもまして、安全な監督者のいる遊び場をつくることを望んでいた。[7] しかし、最近の計画をみても、こうしたみんなの口をそろえての希望に対しての計画的な配慮の跡はない。

人間が自分の運命を切り開くのは明日の都市においてである。
新住宅地，サルセル，フランス

　乗用車と貨物自動車とそして子供たちとは水と油のようなものである。交通は強烈で野蛮であり，子供は小さく弱い。子供は混雑の中に見失われがちだし，距離やスピードを見てとることができなかったり，交通信号がわからなかったりする。それにもかかわらず街路や駐車場は彼らの唯一の遊び場であることが多い。スウェーデンでは，7歳以下の子供たちに交通規則を教えることは不可能であることを証明している。すなわちテストを受けた350人の子供のうち，大人によって大人のために考案された，たったひとつの交通信号の意味を理解した子供はひとりもいなかったのである。[8] この年齢では，遊びや行為は理解によってではなく，情緒や直接的な衝動によって支配されているのである。

　学齢期の子供と同様，年少の子供も自分の力を発達させる場が必要だということが忘れられがちである。すなわち小さな子供が手足や感覚や頭脳をためし，次第に意のままにできるように訓練する場が必要だということである。このような幼児期の試行錯誤や危険をおかすことや友人をつくることによる自己教育の機会を失うと，結局，子供は自信とか自分でやろうとする気持をなくして

一種の精神公害。新住宅地，ノース・グラスゴー

しまうように思われる。確信がなく、びくびくした内向的な子供になる。こうしたことは、住宅が高層部にあり、自由に探険したり遊んだりする機会のない幼児によくみられるのである。そしてこのような自己教育の機会を十分にもっている家はほとんどない。

　子供に危険を冒しそれをのりこえる場とその自由とがなく、同じ年頃の子供と交わる機会がなければ、情緒的に安定して成長することはむずかしいことである。孤独は高層住宅に住む子供にとって緊急の問題なのである。若者や多くの大人の生命は、すでに幼児期の情緒的貧困のためにとりかえしのつかないほどの打撃をうけているのである。基礎が不安定なときには、後になってそれを改善することはほとんど不可能なのである。情緒的にそこなわれた子供は成長につれて大きいハンデキャップを負わされる。それは、私たちに責任のある悲劇をなんとかとりつくろうために果しない金と努力を費やすおなじみの憂うつな物語になる。プランナーはこのことをよく理解し、大きな課題としてしっかりとりくむべきである。

　8歳以上の子供たちは、そしてとりわけ10から15歳の元気いっぱいの子供たちの場合は、プランナーにおそらく

もっとたいへんでむずかしい課題を提出する。この時期の元気はつらつとした子供にとって危険なのはまず退屈である。われわれは，自転車を修理したり，模型をつくったり，適当な気持のいいところで友だちに会ったりする，子供のしたがることが何でもできる環境をこれまで準備してこなかった。もうひとつの危険は比較的小さい子供の，——その孤独である。子供たちの交友や友情を妨げる障害物を打ちこわしてみることが重要である。

休日や長い冬の夜の間に校外や家の外で行なわれることが，学校でのできごとより重要であるかもしれない。しかし学校の他には都市生活の不毛の状態を償うものは何もないのである。世界中のほとんどの国で，子供たちは長いむなしい時間をなんとか切りぬけている。そして努力や熟練の要る積極的な興味や活動を開発しそこねては非難されている。しかし子供らは何をするべきなのだろうか。イギリスではこの年齢の子供はユースクラブに入会できない。家の外で友だちと会える場所は少ししかない。子供らが面白いとおもうことをするとちらかしてしまう。そのためには家はあまりにも小ぎれいだったり狭すぎる。庭は事実上ないも同然である。子供たちは，危険が伴ったり欲求不満はあっても街路を使うほかしかたがないのである。街路で遊んでいる学齢の都会の子供はなんとなく退屈していることが多いが，さもなければわくわくするような活動を発明する。それは子供らを少年裁判所へ送り，そこでりっぱな進取の気性や冒険心は押しつぶされてしまう。自分で道を切り開いていこうとする子供たちをはげますために，ボランタリー組織による果敢な努力がなされている。しかし政府や地方公共団体はほとんど何の援助もしないでこの機会をむだにしてしまっている。練習する機会がなければ責任感を若者に教えこむことは不可能である。その機会を準備するのはプランナーの責任である。いわゆる青少年問題のすべてが若者の罪ではないのである。

新しくできた非常にたくさんの遊び場に活気がないのはなぜだろうか。高価な過ちがこんなにたくさんくりかえされているのはなぜだろうか。ひとつの理由は，はっきりとした中心機関がないことである。世界中の経験と研究を集め，要約し，建築家やプランナーが利用しやすいものをつくりだす機関がない。[9] 誰もが失敗を重ねているのである。建築家はあちこちから残りものやかけらを拾ってきては，反対に遊び場に子供をはめこもうとする。施主や地方公共団体はさらに少ししか情報をもっていない。彼らは自分の分野に関するたくさんの興味ある実験を知らずにいるのである。

エレベーター・ホールが唯一の遊び場である。

薄明と陰 　　　　　　　　　　　　　　　　　　　手さきの熟練

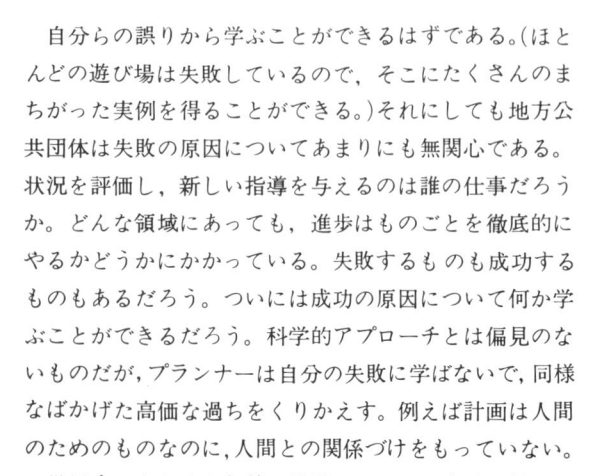

　自分らの誤りから学ぶことができるはずである。(ほとんどの遊び場は失敗しているので、そこにたくさんのまちがった実例を得ることができる。)それにしても地方公共団体は失敗の原因についてあまりにも無関心である。状況を評価し、新しい指導を与えるのは誰の仕事だろうか。どんな領域にあっても、進歩はものごとを徹底的にやるかどうかにかかっている。失敗するものも成功するものもあるだろう。ついには成功の原因について何か学ぶことができるだろう。科学的アプローチとは偏見のないものだが、プランナーは自分の失敗に学ばないで、同様なばかげた高価な過ちをくりかえす。例えば計画は人間のためのものなのに、人間との関係づけをもっていない。

　世界中のあらゆる年齢の子供にとって、自分の好みのままに事物を動かせる時が最高に幸せな時である。子供は家や自分の部屋をつくったり、穴掘りや庭つくりやペットの世話やたき火や戸外炊飯をしたいという衝動をおさえきれない。これらはみなあたりをちらかすことであり、一般に整然とした心の持主であるプランナーをがっかりさせる。しかし子供は無秩序を喜び、そこから自分の秩序をつくりだすものだということを忘れてはいけない。子供はよごれて雑然としているのが好きであり、ほとんどの大人はそれを嫌う。遊び場は子供のためのものか、大人を喜ばすためのものかをはっきりさせなくてはならない。

　もうひとつ非常に現実的な問題がある。地方公共団体が事故(そして訴訟)を恐れて、遊び場をつまらないものにしてしまうことである。子供は疲れを知らない探険者であることを理解していても、子供を勇気づけるような用意をしはしない。例えば冒険遊び場では、安全のため固定遊具を置いた普通のアスファルト舗装の遊び場でよ

りも事故が少ないことを,地方公共団体は理解できない。

　子供が危険をおかしてそれを克服し,時には死の原因にもなる道具を使うことを安全に体験することは有益である。生きるためには勇気と忍耐と体力が要る。しかしこれまでは危険をおかしその刺激を楽しんだり,自分で物を見出したりする子供の能力を低く評価してきた。子供に危険をおかすことを許すのはむずかしい時がある。しかし心配のしすぎは子供の成長を妨げることになる。いろいろ工夫された,楽しくない,「安全」な遊び場に,非常にはっきりとこれを見ることができる。

　子供や若者を親の家から独立させることについて,いろんな問題がつきることなく議論されている。しかしそれを実行に移すことはためらわれている。子供の独立心や,自信や,そして自分で身につけた手段で生きる能力の発達を助けることは,非常に必要である。しかし人生のあまり早い時期にそれを始めることはできない。子供は自分の世界をもつべきである。そこは自分が所属し,遊び,友人と逃げ込み,遊びの中の真実の約束をする機会をもち,家族生活の支配から解放される場所である。一般に考えられていることとは逆に,独立は家族への愛情をめざめさせる。あまり親密な暮しでは,家族への愛情は失われるものである。そんな理由から,家族用の近隣レクリエーション・センターは解決にはならないかもしれない。

　子供も若者もすべて,大人と同様に自分の遊びとして「買物する」ことができるべきである。彼らには多様な活動が必要なのである。子供のために,ほんとうにしてやるべきことは,選択の自由を与えることである。

明日の父親

明日の母親たち

緩慢な発達

1　監禁時代
管理者の天国，子供の地獄

4　新案物時代
町役場職員の誇り

5　迷路時代
最大の関心は最も退屈なものに払わ

　現在の遊び場はほとんど平らなアスファルト舗装に金物屋のカタログから選ばれた固定装置が据えられたものである。草・木・花・動物・その他の美しいものは稀である。子供らはますます固い地表にしばられこわばった荒野に生きるように余儀なくされている。この防腐剤入りのアプローチは，遊びを石のように殺してしまう。

　もう一方の極端は，手がこみすぎ，巧妙すぎ，しゃれすぎた遊び場である。それは建築家の自慢のたねだが，新奇なもの自体にはほとんど永続的な魅力がない。塗装した蒸気ローラーや消防ポンプ，巧妙なプレイ・スカルプチャー（写真家が好きである），変形できない高価な固定装置などは，あきがくるし，よくみても活気に乏しく退

2 金物時代
監獄の鉄棒の増殖

3 コンクリート管時代
創意工夫の欠乏

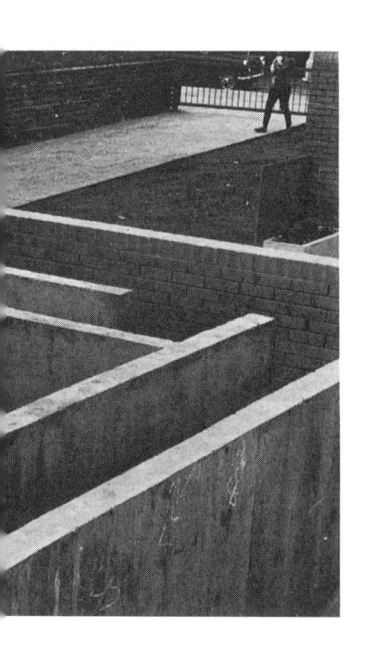

6 自分でやりなさい時代
遊ぶのは子供である

れる——コクトー

屈である。

　冒険遊び場は解放するための場である。特に混雑した都会や規則的で整然としすぎた住宅団地に住む子供たちにとっては。そこで子供たちは「自ら行動する」ことができる。そこは子供たちがまったく自由に新しいことに挑戦し、自分をためせる場である。まずいことに、それは子供に喜びを与えると同時に建築家やプランナーや近所の人に苦痛を与える。苦痛があるのは事実としても、それは重大な問題ではない。子供の欲しいものをいつも目ざわりでないようにつくることは可能である。

　この本は、どのようにしてそれを行なうかを示すために書かれたものである。

遊び場を計画する時，次のことを想起せよ

行動範囲は年齢に応じてかわる。
各年齢層の活動性や社会センターとか他の公有地の必要性は，計画の際の決定要因とすべきである。
子供の行動範囲は狭いので，社会センターや遊び場は家の近くになければならない。

学齢期前の幼児は午前も午後も遊び場を使う。
学童の利用は午後4時以後である。
休日とウイークエンドには
あらゆる年齢の者が利用する。

その地区のすべての子供に，ある最小限の
スペースがなければならない。
その規模は一日の平均遊び時間や，
遊び場の開かれている時間数による。

デザインの段階で
次の点を
考慮すべきである。

美学

共感できる景観は荒廃を防ぐ。

経済

子供に魅力のない遊び場は
土地と金の浪費である。

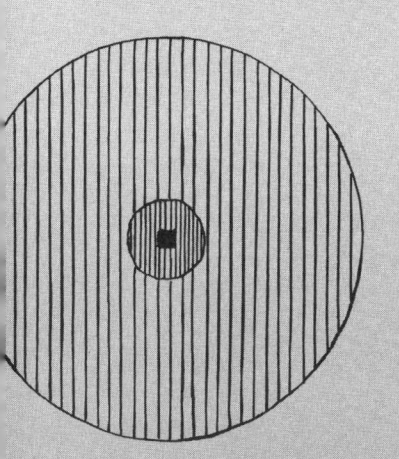

幼児は家の近くで遊ぶのが好きである。年うえの子供は、300から400ヤード(約300から400メートル)歩いてもかまわない。

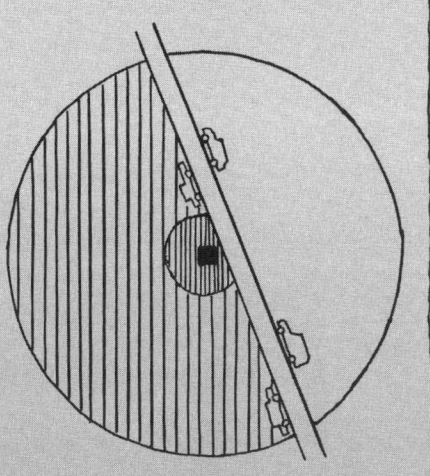

街路の交通は子供が遊び場に近づくのを妨げる。

遊び場に魅力がないと、子供は街路で遊びたがる。

遊び場には、休んだり、静かに何かに専念できる施設が必要である。

風雨を避けるため、シェルターが必要である。

目的

遊び場は次のようにデザインすべきである。
　暗い日陰を避ける。
　安全に遊び場に来れるようにする。
　窓ガラスを割ったり、騒音などで近所に迷惑を
　かけないようにする。
　遊び場を視覚的に環境全体の一部分に
　なるようにする。

施設

遊び場は子供のための社会センターであり、
次のものを備えるべきである。
　腰をおろす場所とテーブル
　通り風やヒュウヒュウ風のシェルター
　雨よけ
　遊びの種類の豊富さと選択性
　便所への行きやすさ

建築家：マックス・シーグンフェルトとソーレン・ステンツ，　デザイナー：アン・マルクセン

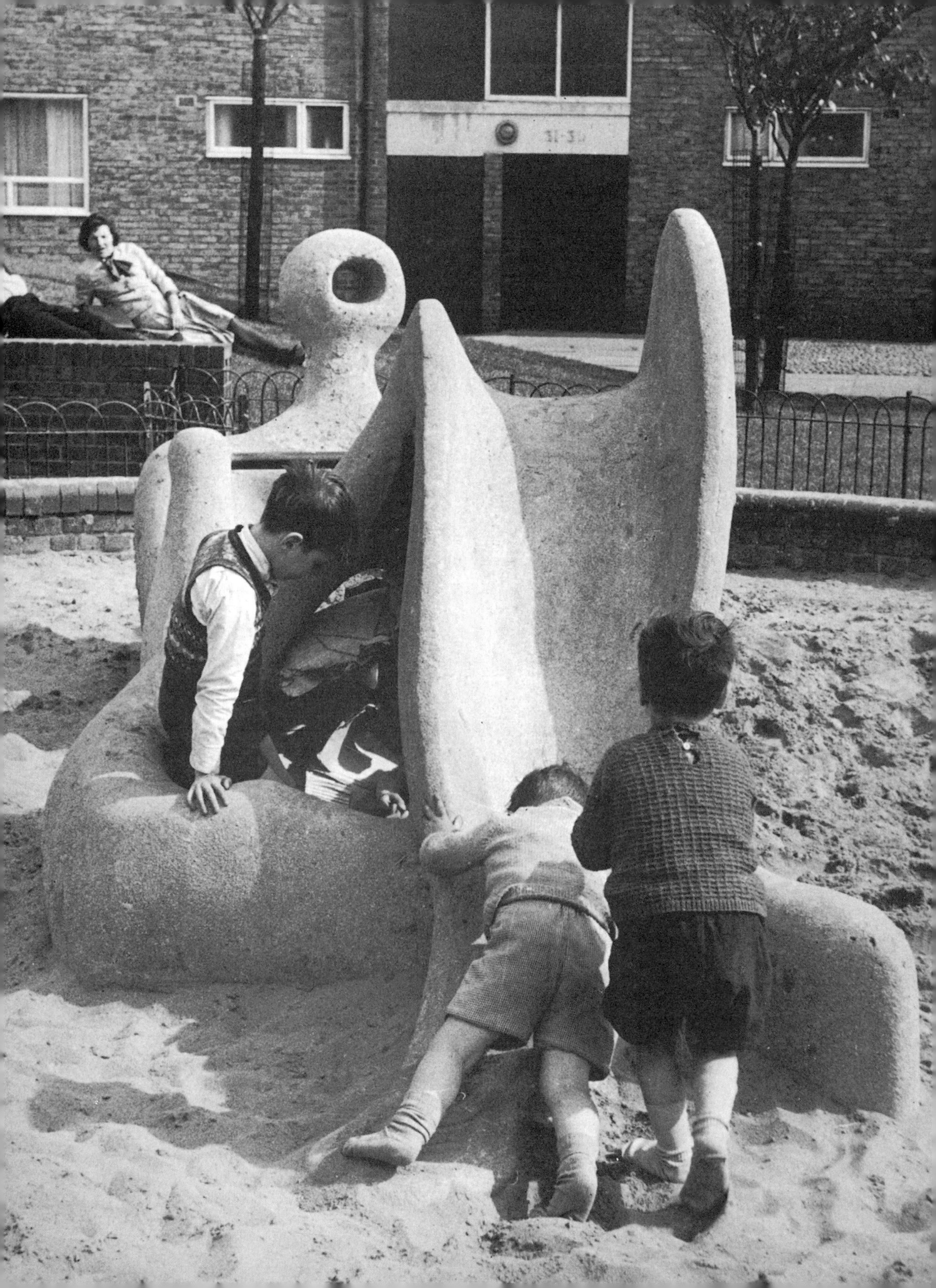

11　「何々遊び」という名前のない遊び

> あらゆることの目的は，きちんと完成することではなくて，豊富な経験をすることである。
> キャサリン・ホワイトホーン

幼児の一日は家の中やそのまわりですごされる。だから幼児の遊びの計画には，ただ遊び場だけではなく，家の周辺一帯の設計が含まれている。というのは，子供たちは遊び場だけでなく，動きまわれるところならどこでも遊ぶからである。もし，幼児がすごす環境，すなわち住宅地一帯が，こうしたことを配慮して設計されるなら自動車のための駐車場と幼児も学童も大人も含んだ人間のための戸外の割合はもっと適切なものになるだろう。設計の第一原則は歩行者と車を分離することである。それによって，家のまわり一帯が，子供から老人までのみんなにとって安全で快適なものになる。この歩車分離という原則は，今一般に認められてはいるが実施されているのはまれである。新しい家は，屋内生活を快適にするために十分配慮されている。しかし家のまわりの土地は，居住者によって柵がめぐらされたり，念入りに飾られたり，実用向きであるがおもむきがないといったことが多いのである。戸外での暮しは屋内での暮しと同様重要である。とくに子供にとっては非常に重要なのである。

たくさんの家が密集している地区では，普通，遊び場としてつくられた遊び場が必要である。けれども，これによってすべての問題が解決すると考えるわけにはいかない。住宅周辺のオープンスペースは，老人から子供までの全居住者が，くつろいで居心地よい暮しができるように設計すべきである。子供や大人たちを騒音や交通の危険から守るために，多くの国々で，歩行者専用の境域が採用されつつある。これはあまり動けない人びとには特に重要であり，彼らのためのプランニングを社会事業として優先すべきである。

子供が1歳ぐらいになり「自分で動きまわれるように」なると，手近な家だけでは満足せず，世界探険の範囲を拡げようとする。この時期が母親にとってはもっとも頭のいたいときである。子供は母親のそばにいるのが快適なので，たいていの遊びは母親のそばで行なわれるものである。だから，それを念頭において設計するのは大切なことである。

母親が，赤ちゃんやよちよち歩きの子供をつれて乳母車の通れる小路を歩きながら，おもしろい変化のある散歩ができるようでなければならない。花のつく灌木や生垣や壁で風を防げるようなところにたくさんの椅子をおけば，若い母親には非常に喜ばれるだろう。買物かごを置いたり，子供たちがゲームをしたりできるがっしりしたテーブルもあればなおさら結構である。

幼児は本来好奇心が強いものである。ちょっとした一段でも，低い擁壁でも，高さの変化は必ず子供たちを魅きつけるのである。灌木は刺のある種類のものでさえ冒険好きな子供をひるませない。子供たちはその間を走りまわって喜ぶ。けれども，用心しないと，土はすぐ泥んこになってしまい灌木は枯れてしまう。クローリー・ニュータウンではこの問題のすばらしい解決案を考え出した。それは，植込みの間をぬって走る敷石の小路である。幼児はみんな，植込みを囲んでいる小さな擁壁ぞいに歩くことが好きなので，想像力豊かな造園家は，冠石の内側に小路を配置した。これによって子供たちの楽しさをぶちこわさずに植物を保護しているのである。このような簡単な二つの工夫によって，植物が守られ，同時に名前のない遊びの場がつくりだされているのである。

幼児は土手をかけ登ったり，かけ降りたりしたいという気持を抑えることができないものである。けれども，その表面が舗装されていないと，土手はすぐに泥の海になってしまう。あるデザイナーたちは大きな丸いコブルや煉瓦や花崗岩ブロックを使って土手の舗装を試みている。このような材料を使うと，子供の喜びを増すだけでなく，そのかたちも非常におもしろくて楽しいものになる。細かに配慮されたデザインによれば，このような安価な築山は多くの点でプレイ・スカルプチャーより好まれるだろう。

◀イースト・ロンドン

バルコニーとストリートデッキ

高密度住宅地は，子供の遊びについての大難問を抱えている。以前は戸外の遊び場の必要性については，バルコニーによってその要求が満足されるので，それほど切実な問題ではないといわれていたのである。しかしロンドン州（現在の大ロンドン州）の調査によると，バルコニーは赤ちゃんや大人には役立つが，遊び場としては次のような限界があることをはっきりと示している。「年うえの子供たちは，グラウンドへ行きたがる。そこはもっとゆったりしているし，友だちと会うこともできるからである。一方，幼児はバルコニーで遊ばせられないことがある。というのは，母親たちが手すりをよじ登ることを恐れるからである。この二つの理由から15歳以下の子供のいる家庭の約半数は，バルコニーを使用していない。」[10]

バルコニーを幼児にとってもっと価値あるものにするためには工夫の余地があるだろう。事故はたまにしか起こらないとはいっても，母親（ことに高層に住む母親）は，子供たちが物を投げたり，よじ登ったりするのではないかと恐れている事実を建築家は忘れてはならない。身体をのり出さないで外を眺められるように，子供の目の高さに，こわれないガラスパネルを用いたほうがよいと言われている。手がかりや足がかりを避けるという配慮だけでは十分ではない。また，高いフロントも解決策にはならない。というのは，椅子や足台をバルコニーに出し，その上に立つことがあるからである。仕事をしながら子供たちを見ていられるように，バルコニーは台所の前方にあったほうがよいと母親たちは言っている。

重要なアイデアがシェフィールドのパーク・ヒルで開発された。21エーカー（8.4ヘクタール）のスラムが再開発されたときである。古い住宅は19世紀のもので，細い街路に沿って建っていた。再開発された新しい家は多層建築物で，幅員10フィート（3メートル）のストリートデッキによる通路のシステムがとられている。このストリートデッキは戸外に面しており，廃止前の旧街路の名がつけられている。デッキは建物全長にわたって通じており，半マイル（800メートル）以上に及ぶことがある。ミルクやパンを配達する特別にデザインされた電気トロリーだけしか，ここの通行を認められていないが，実質的には通行自由である。それは，玄関の外の母親の会合の場として役立ち，子供たちが自分の家の近くで安全に遊べる場であることが明らかになった。[11]

パーク・ヒルのストリートデッキ，シェフィールド

　5歳以下の子供に監督なしの遊戯施設を与えるためにロンドンのいくつかの地区で，建築家たちが建物の内部に小さなプレイデッキを設ける実験を行なった。このプレイデッキは囲われていて，いろんな階に設けられているけれども，実際には，意図された目的を果していないことがわかった。というのは，母親は，自分が見守っていられない監督なしの遊び場では，幼い子供を遊ばせたがらないからである。幼児は，遊びの時間が延びてもまったく自分で責任をとらないので，このようなプレイデッキはほとんど価値がないことがわかった。そんな理由で，このような形でのプレイデッキは，将来，大ロンドン州の企画に組まれることはなさそうである。高層住宅に住む幼児のための遊戯施設は，戸外に出やすい1階にプレイルームをつくり，そこに監督づきのプレイグループを組織するのが最良策だという結論である。[12]

ウィンスタンリー・ロード住宅地，バターシー，ロンドン

□大成功をおさめたこの企画から教えられたことは，住宅周辺の環境デザインは建物自身と同様に重要だということである。計画をはじめるときに，戸外の造園のために十分な予算を確保するしっかりした政策があって，はじめてこの企画は成功したのである。

敷地は公共オープンスペースのまったくない完全に荒れ果てた地区の一画にある。だから，設計によって，その不足分を補う必要があった。

エーカーあたり約136人（340人／ha）という高密度地区の開発であり，戸外のスペースは酷使されるので，造園構成は丈夫で長もちし，破壊行為に耐え，維持費が安いものでなければならなかった。

造園の全体構成は子供のプレイ・アクティビティという観点で考えられている。戸外のスペースや歩行者路はみんな，遊び場の可能性があると考えられ，全体の環境に組みこまれている。

いろいろなタイプの遊び場がたくさん設けられているが，子供の遊びがその場に限定される活動とは考えられていない。子供は固定的な施設の遊び場にすぐにあきてしまう。走ったり，登ったり，囲われていると感じたりしたいという子供の欲求を満たすのは，そのために特別にデザインされた施設だけでなく，レベルの変化・壁・階段・斜路・手すり・ベンチなどである。

まず，活動的な遊びや静的な遊びを心ゆくまでできるよう，腰掛エリアや囲いがつくられ，その空間造成に役立つ植樹が行なわれ，いろんな舗装材が採用された。芝生は他より高いところや，近道されないようなところでだけ用いられた。

大きな樹木は，めだたない支柱つきで植えられており，自然でなじみやすいフランスの村といった印象を与えている。

駐車場は部分的に低くなっており，低い壁で囲まれていて，比較的目ざわりでなくつくられている。

この住宅地は，あらゆる所が子供に最大限に活用されるように，また，非常に激しく使っても破損しないように，きわめて巧妙に設計されている。各建物が完成し，入居する時期に，関連した造園もまた完成するというのが，開発プログラムの必要条件であった。

造園家：マイケル・ブラウン

様々の舗装材の
おもしろい利用。
腰掛エリアは
低い壁で風から
守られている。

通り風のこない
腰掛エリアでの
名前のない遊びの施設。

◀砂利じきの
腰掛エリアのひとつ。
葉のしげった枝が
具合よく拡がった
木の下にある。

リーダーのいない遊び場

地方公共団体は，プレイリーダーの給料を支払うのを非常にいやがることが多い。だから，建築家やプランナーは，子供たちを満足させ，しかも機械装置やプレイリーダーだけに頼らないですむ遊び場のデザインを求めている。これは非常にむずかしい問題であるが，その解決にはほとんど注意が払われていない。というのは，監督なしの遊び場はもっともよく見うけるものだからである。

スウェーデンの多くの住宅地でもこのジレンマに直面してきた。イエーテボリの公園管理者であるアービッド・ベンソン氏は，リーダーはいないが，子供たちが動かせる程度の重さの材料(大きなタイヤや木製ブロックなど)を使える遊び場をたくさんつくった。

人口5,000人の近隣住区のための総合遊び場。ランスマンスガーデン、イエーテボリ、スウェーデン

◀安全な通行のための歩道トンネルや灌木の植えられた高い土手の見える遊び場風景。固定された卓球台。
建築家：アービッド・ベンソン

隔離とスケール

幼児の遊び場のためのたくさんの構成要素を，快適で，全体として調和のあるように組み合わせて，満足のいく設計をするということは容易ではない。遊び場は子供がそれを使うために設計するのだが，視覚的に家をとりまくものの延長として考えるべきであるということを，デザイナーは忘れてはいけない。

幼児の遊び場の必要性については計画の最初の段階で考慮しなければならない。その敷地の選択には細心の注意を払うべきであり，ほかの要求をかなえたあとに残された，ちょっとしたまったく不適切な土地を使うようなことであってはいけない。

敷地の形態はどんなものでもよいだろう。この年齢層の子供の遊びは型にはまっていないので，デザインも同様に型にはまったものであってはならない。急なまがり角は，子供たちが走ったり，三輪車や車のついた玩具を使うのに不必要な制限を招くことになる。また，自由な曲線形は維持の面でも有利なものである。

幼児の遊び場にはその場所を明示し，年うえの子供たちの荒っぽいゲームから守るために，必ず何らかの形で

親密な遊びのための奥まった場所は高さ3フィート（約90センチ）の垣で作られ，風を防ぎ，スケールも完璧である。

幼児のための丘状遊び場

凡例
1 丘の斜面に沿ったすべり台
2 すべり降りたり，よじ登ったりするための急斜面の花崗岩ブロック
3 土手の岩積
4 砂場
5 丸木橋
6 踏み石
7 木登り用枯れ木林
8 橋
9 木造展望小屋

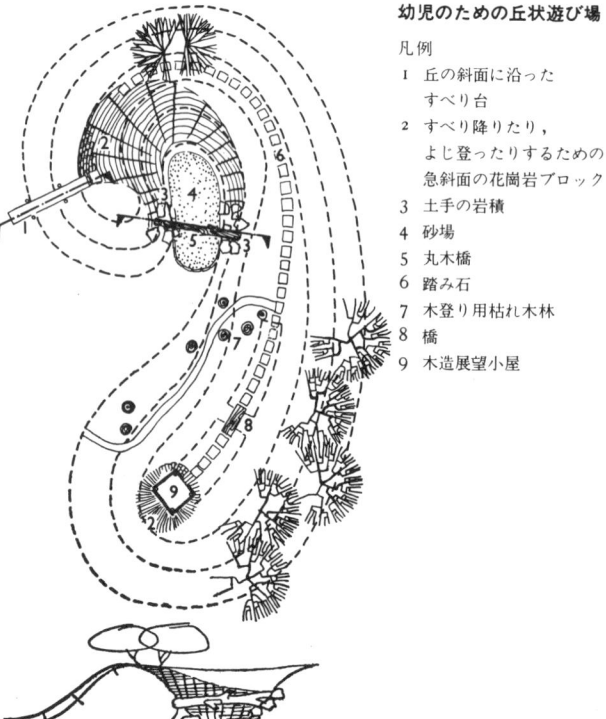

デザイナー：ジョン・ブルックス

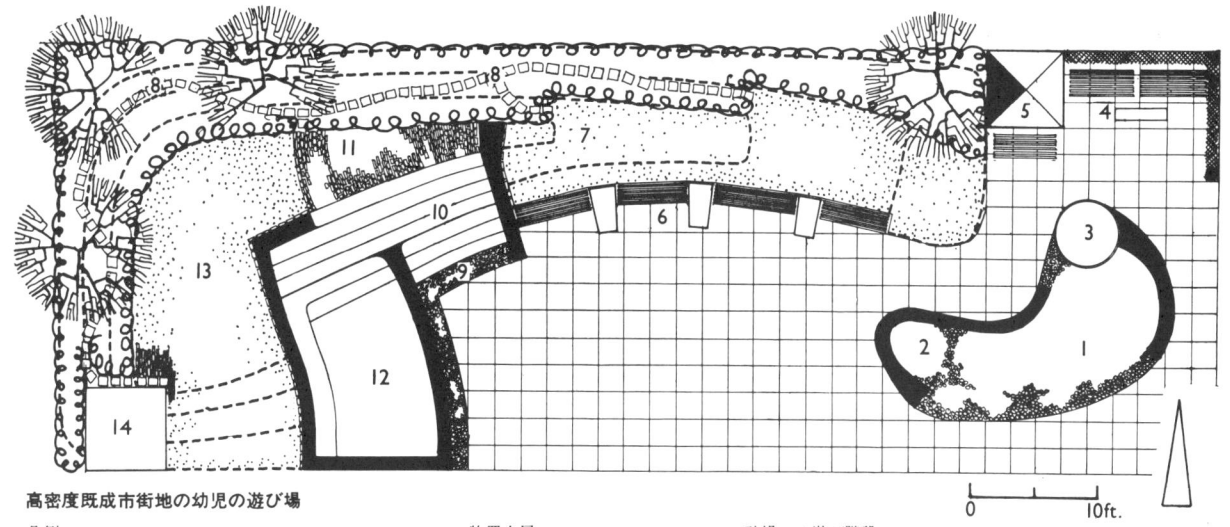

高密度既成市街地の幼児の遊び場

凡例
1 浅い玉石敷スプラッシュ・プール
2 より深いプール。最深9インチ（23センチ）
3 目の高さの模型ボート・プール
4 母親のいすとテーブル
5 物置小屋
6 テーブルつきの木製ベンチ
7 起伏のある芝生の小山
8 灌木の間の踏み石
9 靴の砂をとり除く玉石敷
10 砂場への遊び階段
11 花崗岩ブロック
12 砂場
13 芝生のテラス
14 展望台

デザイナー：ジョン・ブルックス

の囲いこんだ境界が必要である。それはとりわけ，子供たちが方々に散らばるのを防ぐのに役立ってくれる。母親たちは，短い時間なら喜んでとなり近所の子供をみてくれるのだが，もし，ある子供がサービス道路の方へ走り出したときに，ほかの子供が別の方向に迷い出ていくと，まったく困ったことになってしまう。

だいたい子供たちというものは通り風やピュウピュウいう風が嫌いである。ことに幼児の場合はその傾向が強い。そんなところでは楽しく遊べないのである。おわん状にくぼんだでこぼこした形はひとつの理想的なものである。波状パターンのゆるやかな斜面は砂場やテーブルやベンチなどのための快適な奥まった場所になるだろう。

隔離することとか，子供のサイズに合わせて小さくすることが計画のポイントである。子供が近くの建物の相対的な大きさに圧倒されずに，設けられた枠のなかで独自の世界を創れるようでなければならない。その場がどのように設計されていても，まったく囲いがなく，年うえの子供の遊び場の真中にポツンと置かれているのでは駄目である。安全で静かな感じは，植樹や土地造成への配慮で容易につくり出せるものである。言うまでもないことだが，いすや快適な環境は，母親にとっても欠かせないものなのである。

イエーテボリの低い壁で囲まれた広い砂場。厚い植込で通り風を防いでいる。　建築家：アービッド・ベンソン

イエーテボリの子供の遊び場にあるいすとテーブル。ここではお母さんもくつろぐことができる。

バターシー公園の利用のはげしい築山。ロンドン

バーミンガムの遊び場。イギリス

土地造成

子供たちはよじ登ったり，はい上がったり　すべり降りたりするのが大好きである。だから，ちょっとした高さのちがいも十分に計画上で利用すべきである。起伏のある地形や築山は，風よけになり，障壁になり，緩斜面側はころがり降りるのに格好な場所になる。花崗岩ブロック敷きなら，すべり降りたり，よじ登ったりすることができる。このような起伏に階段を組みこんでもよい。また底部には砂場やプールにちょうど良いくぼ地が残される。

　こうした丘やくぼ地の造成は今日の機械を使えば簡単につくりだすことができる。それはまた廃物処理や建築とか道路工事などの残土の上手な処理法でもある。この方法だと，結果的に，残土や石を敷地以外のごみ捨て場に運ぶ経費が省かれる。土地造成は，その頭初から，造園家，建築家，道路技師の協力を前提にしている。敷地には最終的な造成が必要なのである。というのは，この作業はまったく一種の彫刻だからである。

　丘の斜面に草を用いる場合，擦り切れないように，傾斜はゆるやか（35度以下）でなければならない。もっと急な斜面にしたければ，地表を堅いものにしなければならない。土手の芝生は，その一片一片に5インチの木くぎを打って固定する。くぎは草刈の邪魔にならないように，地表と同じ高さにそろえるべきである。

　もっと急な斜面のときには，2インチ（5センチ）のコンクリートの上に敷く花崗岩ブロックを，下から順に，土手の自然な線形に沿わせて舗装する。子供がよじ登りやすいように，4インチ（10センチ）つき出たやや大き目のブロックを所々にはめ込んだり，ブロックを取り除いて，足がかりをつくったりできる。

カンバーノルド・ニュータウンの人工の草の斜面

商店地区の樹木のまわりの盛土。花崗岩ブロックと玉砂利で舗装されている。クローリー・ニュータウン

地表仕上げと素材

まだこれといった理想的な地表仕上げはないが、草と舗装を組み合わせて使うのが最も妥当な方法のように思われる。最も快適な地表は、もちろん、草であるが、その面積が大きくないと、すぐに泥まみれになってしまう。それはおそらく、子供にとっては快適だが、母親にとってはあまり快適なものではない。地表仕上げの素材に草が用いられれば、必ず擦り切れたり、ちぎれたりするので、草の補給や植換えにある程度の予算をとっておかなければならない。もし、年に1, 2度草刈が行なわれれば子供たちは枯草で楽しむことができるだろう。

多くの国で、これなら満足できるとされている遊び場の地表仕上材は、蒸気できれいにされた非常にこまかい炭がらと泥炭ごけからなるものである。機械的に混合し、地面に敷くと、炭がらが有機的な素材のつなぎとして作用して生き生きとした魅力的な褐色の地表になる。

地表仕上げの素材として、土を見落してはならない。粘土、砂、シルトを適当な割合で混合すると、アスファルトより弾力のある地表ができる。子供たちがはだかの地面で遊ぶと衣類を汚すという苦情が必ず出るものだが結局、子供が遊べばときには汚れるものであると考えなければならない。田舎の子供は野原や水路で遊んで泥まみれになる。どうして、都会の子供がそうしてはいけないのだろうか。

油気のないきれいな海の砂を簡単に安く利用できるところでは、それはすぐれた床材になる。スウェーデンのある地方では、すべての遊び場に砂を用いている。しかし乾季には水を撒かないと、乾きあがって吹き飛び、みんなを不快にすることがあるという欠点がある。

デザイン全体のなかで、できるだけ多様なパターンと素材を用いて舗装するのが、おそらく、最も良い地表仕上げの方法であろう。それは変化を与え、おもしろ味を添え、魅力のないコンクリートの砂漠になることから救ってくれる。[13] 舗装する場合には、地表をできるだけ早く乾燥させるように、良い排水設備がなければならない。どんな水たまりもデザインされたものでなければならない。生地のコンクリートの単調さを破るために、アスファルトと同様、液体プラスチック仕上げで彩色することができる。これは素敵な色どりをつけるだけでなく、土ほこりをよせつけないためのものでもある。[14] 衣類を汚さないですむプラスチック仕上げの地表は、ベルリンの人工の丘に用いられている。

ルーレオの木製遊具，ノース・スウェーデ

イエーテボリの住宅地の遊び場，砂地と動かせる素材がある。スウェーデン

デザイン：インゲマル・カーレンベルグ

砂と水

砂遊びは幼児にとって欠かせないものである。砂は申し分のない素材であり，つきない喜びを与えるものだからである。けれども，必ず，ある偏見に出会うのである。科学的な根拠はないと証明されているにもかかわらず，砂遊びは健康に害があると考える人がいることである。しかし適当な予防策さえとられるならば害にはならないのである。雨や日光や風にさらされると，砂は汚れがとり除かれるので，使わないときも砂場を覆う必要はない。砂場は，必ず，最も日あたりの良いところに配置すべきである。消毒剤の使用は一般に中止されている。もし，猫が砂を汚すようなときには，はいれない程度の目の大きな金網の枠を上に置くのもよいが，これは必ずしも必要ではないだろう。タール防水布や木の覆いは今は使われていない。金網のほうが通気性があり，軽くてとり扱いやすいからである。砂場にびんの破片があったりする危険は，毎朝，表面をくまででかきならして防がなければならない。

高い壁で囲まれた砂場。スティーン・アイレル・ラスムッセンによるデザイン。

　子供が砂を家へ持ちこんで困るというのが普通言われる苦情である。砂場のまわりに玉石のでこぼこしたところを設けたり、砂場に接して歩いているあいだに靴についた砂がほとんど落ちてしまうような小路を置いてそれを防ぐことができる。砂場のはじに設けられた階段は同じ目的にかなっている。砂がからからに乾いているときには、遊びの素材としてはつまらないものである。パイやお城をつくることができないし、まき散らされて不快なものだからである。砂は水を撒いて適当にしめらせておかなければならない。
　砂は子供にとってすばらしく楽しい素材なのだから、こうしたうわべの面倒さは積極的に処理すべきである。大人の側の労苦は、砂が子供に与える喜びに比べれば、とるに足らないものである。[15]
　砂場の大きさと形は、脚つきのサンドトレイから不定形の大きな深いサンドボウルまで、様々である。伝統的な形は長方形か円形であるが、形自体はほとんど重要で

レストン・ニュータウンの広場にあるコンクリート製の噴水、バージニア州、デザイン：ジェームズ・ロッサント。暖い季節には、子供たちが思い思いの遊びをする場になる。冬に水は止められるが、それでもおもしろく遊ぶことができる。

アナーパで、黒海の児童用避暑地、プールで応用できるアイデア。

はない。穴を掘ったり，それにかくれたりできるように，砂は少なくとも18インチ（46センチ）の深さが必要であり，できるなら，もっと深いほうが望ましい。砂の面から少なくとも2フィート（60センチ）の高さの壁が砂場の周囲にあれば便利である。これがあると，砂が外にもれたり，風で吹きとばされるのを防いでくれるし，通り風から子供たちを守ったり，テーブルの役目を果してくれるからである。

砂場の排水は次のような設備にすべきである。砂場の底部にまず1フィート（30センチ）の厚みに割れ煉瓦を敷く。次に，直径2インチ（5センチ）の採石層（小石状の）を4インチ（10センチ）厚さに敷き，直径半インチから1インチ（1.2〜2.5センチ）の採石層の2インチ（5センチ）の層で覆う。その上に砂を置く。もし，下の小石がいくつか砂のなかにまじってきても害はない。地面の排水は浸透装置か排水システムに結びつけられなければならない。もうひとつは，割れ煉瓦の上に炭がらを敷き，その上にコンクリート板をつぎ目をあけて並べる方法である。水はつぎ目から下の炭がら層へ浸透する。第3の方法は，地面の排水や浸透装置へ導くために，一番低い部分に排水孔をもった傾斜したコンクリートの床を置くやり方である。この場合は，砂が流出して排水孔をふさがないようにサンド・トラップを設けることが重要である。トラップは掃除のために簡単にとり出せる。

水は子供の頃の楽しみのたねである。だから，そのつきない遊びへの可能性を十分に開発すべきである。その適当な方法は滝や水路によって結ばれた違った高さのプールを設ける方法である。水は簡単なポンプで循環させる。そうしないと，プールの水は静的になり，定期的に掃除しなければならないだろう。水の深さを9インチ（23センチ）以上にしなければ操作は簡単であろう。一番高いプールは子供の目の高さで，それは小さなボートをうかべるためのものである。次の高さのプールは水遊び用である。地面の高さのものは1インチ（2.5センチ）ぐらいしかないスプラッシュ・プールである。水源の近くに砂場を置いたほうがよいかどうかについてはいろんな意見があるが，砂と水をまぜあわせることは，子供たちにとってこのうえない喜びである。

スプレイ・プール。ターケン・プレイグラウンド，フィラデルフィア，アメリカ

植樹

子供の遊び場の樹木や灌木の植樹は慎重に考えなければならない。大きな樹木は太陽をさえぎるし、葉を砂場やプールに落としてよちよち歩きの子供が滑りやすい路にするので、遊び場にはむかない。季節の花をつける小さな木は子供に喜ばれるだろう。けれども、その選択と配置は、ほかの木と同様、慎重にしたい。その影響は遊び場を越えてひろがるからである。小さな木は、もし出入りの自由な場所にあるなら柵が必要である。遊び場の外側にある割と大きい樹木はその場にまとまった感じを与える。今では、根元を保護する枠組で、比較的安く、大きな成木を輸送することが可能である。このほうがしなやかな若木より害をこうむるのが少ないようである。[16]

灌木は、概して、避難所を設けるとか、柵をかくすという観点で考えなければならない。子供たちは灌木の間を走りぬけて、また自分の世界に戻るのが好きであるが灌木を長生きさせるには、小路を設けたり、踏み石を置いたりして子供たちの要求に応えるべきである（23頁参照）。また、子供たちは、擁壁の冠石ぞいに走りたがるものであるが、植物が隣接していると枯れてしまう。これは、壁と灌木の間に煉瓦2枚の幅の小路を置くことで避けられる。効果が一年中続くためには、常緑の灌木を植えたほうがよい。刺のある灌木が密集していると、ちょっとした防壁として役立ってくれる。樹木や灌木に毒の実がつかないかどうかについては細心の注意を払って確かめておく必要がある。

成長した灌木はまわりで遊ぶ子供たちの攻撃に耐えることができるが、植えられたばかりのものは傷つきやすい。灌木が大きくなるまでのごく一時的な柵（例えば簡単な横木だけでよい）を設けることは良い考えである。それに費される少しばかりの時間と費用は、通り風を防ぐのに必要しっかりした緑のスクリーンができ、幼児が楽しく遊べるようになることで十分に報われるだろう。

もしできれば、維持管理という観点から、小花壇や花鉢を加えるとよい。これは、子供たち、ことに都心の子供たちをこのうえなく喜ばせる。

これらの要素みんなを、子供たちが楽しめるように配

遊び場のまわりにはコリヤナギが植えてある。そこから子供たちは欲しいものをとることができる。

アムステルダムの住宅地にある奥まった遊び場は，灌木や花の厚い植込みでみんなに喜ばれている。

置するのがデザイナーの仕事である。そのためには，豊富な素材，色彩，スケールによって，触覚や嗅覚を含むできるだけ多くの感覚を呼びさますような方法がとられなければならない。

維持管理

維持費を最低におさえるのはデザイナー側の問題である。けれども，遊び場は酷使されるものだから，遊び場を新しくきちんとしておくために，ある程度の金額は必要である。次のことはわかりきったことのようだが，見落されがちなように思われるので述べてみよう。

刈込む必要のある芝生のふちは労力を要するし，簡単にだめになる。煉瓦とかコンクリートとかブロックとかをふち石に使うときは，草刈機が使いやすいように，草の高さより1インチ（2.5センチ）ほど低くすべきである。草と灌木の間に同じようなふち石を設けるのも良い考えである。おおいかぶさっている枝が草刈の際にだめにされることが多いからである。

砂場のための排水設備，水遊び用プールや敷地全体のための浸透装置やオーバーフローを計画するときに，豪雨のあと泥の小川にならないように，小路に十分な排水溝をとっておくとよい。雨のあと，遊び場ができるだけ早く乾くように，良い排水設備を設けるのは大切なことである。

定期的に砂をくまででかきならすことや，プールの底にたわしがけすることは，ごみを一掃し，ぬめりのつくのを防ぐためにも必要である。

ごみ捨て場はたくさん設けなければならない。できれば，郵便箱タイプのものがよい。そうすれば，子供たちがごみを投函するのを楽しむことができる。木いすやテーブルやクライミング・ポールなどの定期的な点検は，釘や刺による危険を防ぐために大切である。木製のクライミング・ポールは絶えず使用され，滑りやすくなるので，時々，表面をワイヤー ブラシでこする必要がある。

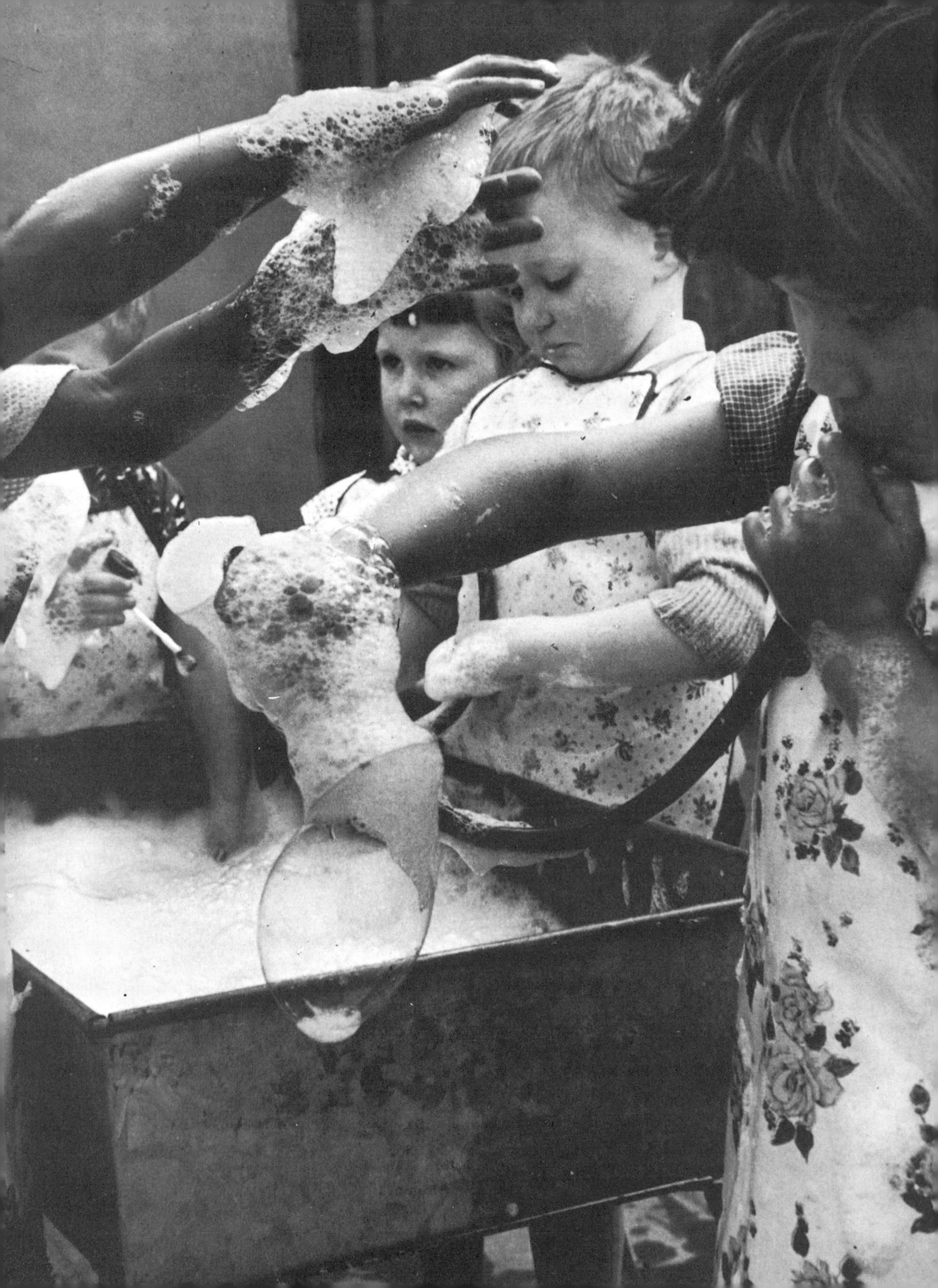

III　グループ・プレイ

> 教育が始められたばかりの時から，
> 子供は発見の喜びを体験すべきである。
> アルフレッド・ノース・ホワイトヘッド

高層住宅はだいたい20から28階ぐらいかそれ以上の高さなので、幼児の遊び場が母親から見えるところになければならないなどと言っても実際には不可能なことである。たとえ、母親が窓ぎわにずっといるとしても、高いところから地上で遊んでいる自分の子供をコントロールすることができないのは明白である。地上で遊んでいる子供たちを見守れるように、各階に有線テレビジョンを備えるという高価で想像力の乏しいアイデアはまったく役に立たなかった。たとえ、母親がテレビにじっと目を注いでいても、子供たちがひとりで混雑した通りへ出て行くのを防ぐことは物理的に不可能だからである。

母親が室内で仕事をしているあいだ、幼児はほかの子供たちと戸外で安全に遊べるようでなければならない。子供たちが楽しめて、危険がないためには、何らかの監督がぜひとも必要である。そうすれば、母親はよけいな心配をせずにすむのである。

利用できるスペースと、リーダーの数によって、そこで楽しく遊べる子供たちの人数が決定される。どんな場合でも、プレイリーダーには助手——もうひとつの手——がぜひ必要である。それは母親や学生であってもよいし、幼児集団と一緒にすごす体験をもちたいと思う人でもよいだろう。大なり小なりの緊急事態は常におきるものである。便所へ急ぐとか、指を傷つけるとか、特別に注意を必要とする子供がいるとか。このような状況が起きたときに、ほかの子供たちを放っておくことはできないのである。

幼児が家以外のところで監督されながら楽しく遊ぶことができるように、入居者組合のコミュニティ・ホールを子供たちに日中使わせる方法がある。舗装され、草のある場所に面しているフランス窓は、誰にも大へん快適に感じられるだろう。日のあたる側にベランダがあればもっとよい。けれども、繰返すが、これはあとになって建物をほかの用途に融通するというより、むしろ、あらかじめ、建物を二つの目的に使う計画の問題なのである。

戸外を使わずに室内だけのプレイグループを組織しようとする試みがなされてきたが、実際には満足のいく結果が得られていない。プレイグループの目標のひとつは、子供が戸外で遊ぶ恩恵を受けるべきだということなのである。戸外の遊び場も室内も物置もみな、プレイグループを成功させるのに欠かせないものなのである。

ひとりのプレイリーダーがいくつかの小さな遊び場を移動しながら、それらの遊び場に対して責任をもつ方法がよいと言われている。そしてそれぞれの遊び場に、リーダーがそこにいる日時を知らせる掲示があれば、母親が仕事のプランをたてやすくなるだろう。例えば、土曜、日曜を除いた毎日、午前10時から正午までと、午後2時から4時まで開かれているとしてもよいだろうが、時間はその地方の状況によってよい。例えば、あるリーダーと助手が、月曜の午前、火曜の午後、水曜の午前、木曜の午後、金曜の午前に遊び場Aにいて、そのほかの時間は遊び場Bにいてもよいだろう。このように、ひとりのリーダーがちがった住宅地の二つの遊び場で働くこともできる。もし、各遊び場が1週間のうち午前か午後に三度開かれるとすれば、リーダーは三つの遊び場を監督することができる。

遊び場を子供にとって本当に価値あるものにするために、リーダーは1週間に少なくとも三度、できればそれ以上、ひとつの遊び場にいるべきである。経験によればグループの集まりが少なすぎるとその連続感がなくなり子供たちにはつまらないものになってしまうのである。

以下のページで、このように実際的な、さし迫った人間の問題が解決されてきた様々な方法について述べよう。

◀ロンドンのセント・パンクラスのアパート屋上保育学校。プレイルームは花，芝生，水遊びプール，砂場のある庭に通じている。子供は下の通りでの騒音や人いきれのとどかないところにいて，たっぷり日光を浴びられる。子供がおしゃべりし騒ぐ音は上方に流れ，人に迷惑をかけない。
造園家：アレン・オブ・ハートウッド 卿夫人

保育学校

保育学校が理想的な解決であり，その重要性は全世界でますます認められつつあることは衆知のとおりである。しかし，残念ながら，その数は非常に少なく，その内容やそれが母親と幼児に与える利益については知らない人が多い。

　保育学校は言葉本来の意味で学校なのであり，イギリスでは2歳から5歳までの幼児のためのものである。ここでは，保育学校の遊びの面だけについて考えることにする。そこには快活で，自由で，生き生きとして，形式ばらない雰囲気がある。子供たちは土や植物や砂や水の性質について詳しくなる。さらに，ギブ・アンド・テイクや同じ年齢の子供たちと協調して生活することを学ぶだろう。このように家を離れる第一歩がたやすく行なわれるということは非常に大切なことである。ことにひとりっ子の場合はそうである。保育学校は，家での依頼心と小学校に喜んで入学するために必要な独立心とのあいだにかける橋の役割を果すものである。そこはひとり心細くなりがちな若い母親たちの貴重な集合場所にもなる。母親たちはそこで自分の問題についてお互いに話しあったり，熟練した保育学校の教師と話したりすることができる。[17]

　もちろん，実際の保育学校の建物は，住宅地の一部を形成する庭付アパートの1階に組み入れていてもよい。あるいは，セント・パンクラスでうまく利用しているように，屋上を使うこともできる。どんな場合でも，保育学校のためのスペースは最初のプランから確保しておかなければならないのである。

レイク・アンの屋上保育学校と遊び場。アメリカのバージニア州レストンにある。ガラスの引戸によって，プレイルームからじかに遊び場へつながっている。タン皮，木くず，そのほかの素材による舗装に加えて，コンクリートの部分は暗緑色の，新式の室内外両用じゅうたんで覆われている。それは太陽や嵐にも耐え得るものである。▶

ロンドンのアパートの1階にある保育学校。楽しい戸外スペースがある。

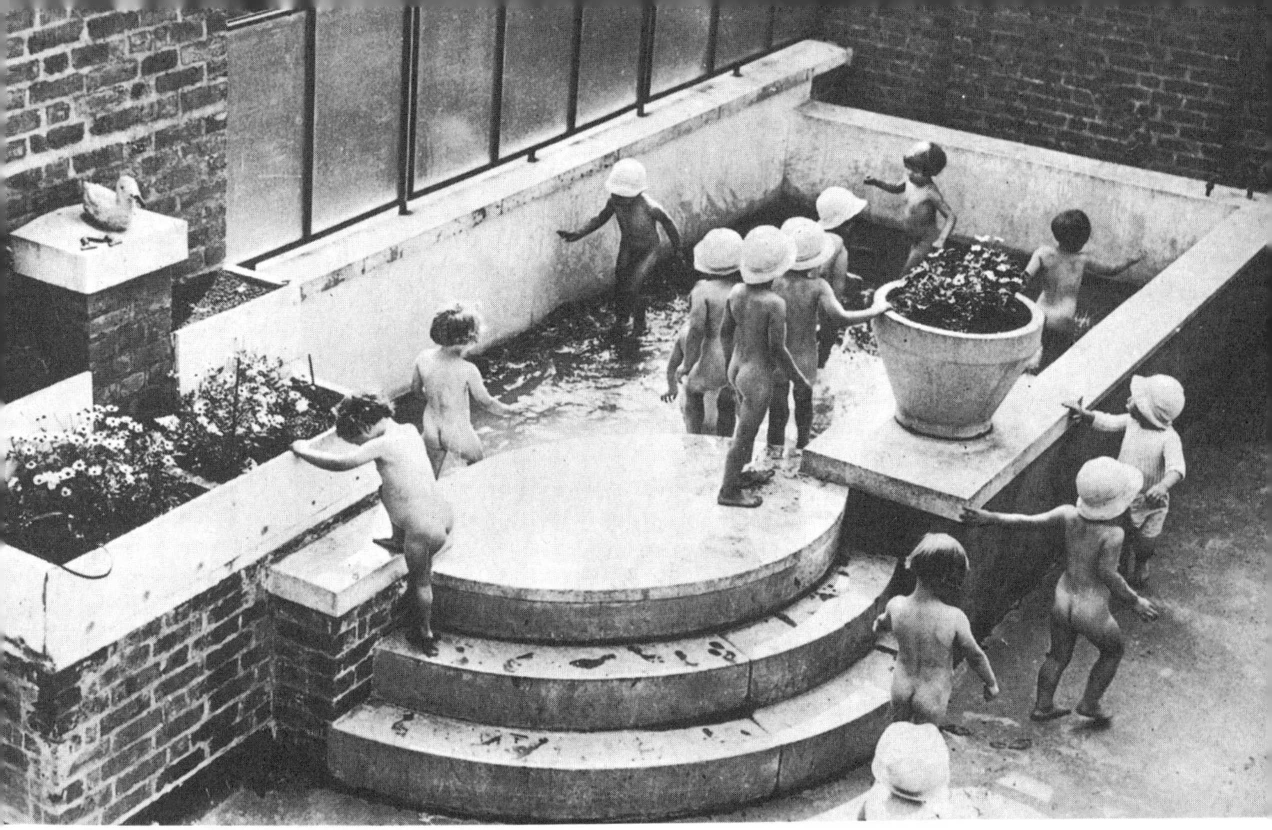

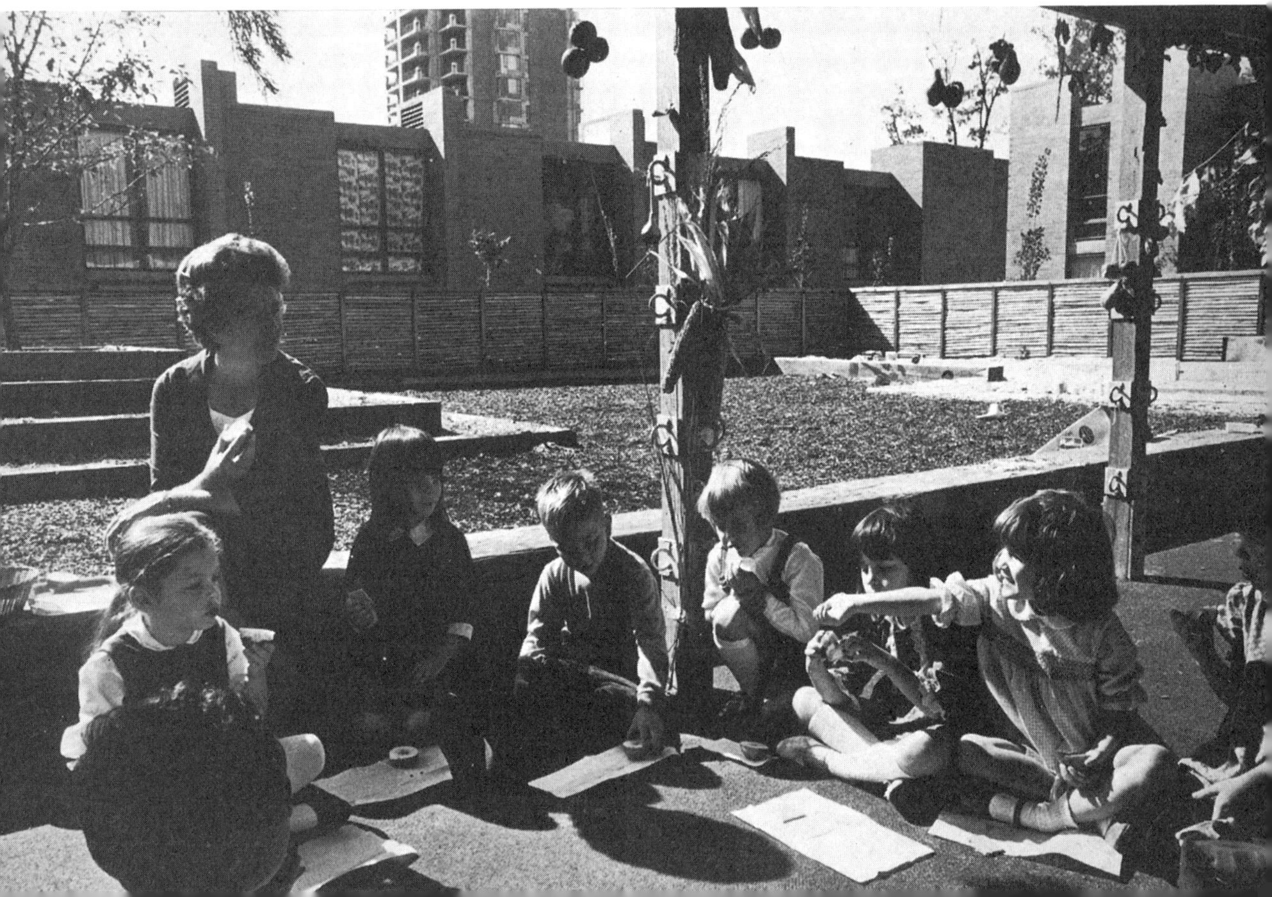

キングスウッド保育学校，ダリッジ

□この保育学校は形式ばらない家庭のスケールで設計されている。それは，敷地の傾斜によるレベルの変化にあわせたくさんの六角形のユニットでできており，南に面した屋根つきの舗装されたプレイスペースを囲むように配置されている。このプランにはたくさんの奥まった場所があり，そこで子供たちは自然にプレイグループをつくる。そこはよくある長方形のプレイスペースよりもおもしろいし，くつろげるものである。

保育学校は，道路からかなり奥まった場所にある。表玄関と職員室の両側にプレイルームがある。三つの六角形ユニットからなるより大きいほうは，保育学校で1日をすごす40人の子供が入れるようにデザインされている。二つのユニットからなる小さいほうは，時間ぎめで保育学校に通う子供のものである。午前中に30人のグループ，午後にもうひとつのグループという風に。各プレイルームには更衣室と便所がついている。1日保育のグループは昼食のために台所を利用する。

建物は煉瓦造である。屋根のスラストを軽減するため，各六角形ユニットに環状梁がある。安全性のため，低いところの窓は全部横引きで，各プレイルームにはテラスに面した大きな引戸がある。天気の良い日には，どの窓も広く開けることができる。内部は華やかな色のカーテンと自然な煉瓦の壁や板張りの天井とが良い対照をなしている。

学校のいたるところに夜間電力使用の床下暖房装置がある。これはボイラールームと付属設備を設ける費用を省くだけでなく，床の上やその近くで遊ぶ時間の多い子供たちに最もふさわしいタイプの暖房である。

戸外には，屋根付の遊び場，設備を収納する物置，大きな砂場がある。庭の形のレイアウトは設計の重要な部分である。庭には，子供たちがかけ登ったり，降りたりする草の小山がある。木々の間の荒地は冒険のための場として残されている。

この保育学校（1966年建設）の建設費は，約26,000ポンドであった。建築家：スティルマンとイーストウィク・フィールド　イギリス王立建築学会会員

キングスウッド保育学校，ダリッジ

凡例
1 プレイルーム
2 校長室
3 職員室と保健室
4 台所
5 屋根つきの小屋
6 玄関ホール
7 中庭
8 砂場
9 ウォーター・スプレイ
10 小山
11 ゲームエリア

ロンドンのトライアングル冒険遊び場での洗濯日。

セント・ジョンズ・ウッド冒険遊び場，ロンドン

プレイグループ

児童救済基金（ＳＣＦ）[18]は，プレイグループを確立した経験とその成功によって注目されている有名な組織である。それはことにひどい人口過密地区で成功をみた。今では，ロンドン教育委員会やほかの地方公共団体は，ＳＣＦのプレイグループの建物建設をだいたい基本的に認めている。この建物は住宅地計画の際に重視すべきである。そのいくつかは，建築家によって設計され，細い鋼棒のブレーシング付の木造であり，必要に応じて他の敷地へ移せるようにつくられている。そのプレイグループの多くは，あとで他の目的で開発される予定地にあり，この方法で過密都市のすべての空地を最大限に利用できる。構成部材は規格化されていて，大きな契約も可能である。建物のいくつかは，柱で地上からもちあげられている。その下は屋根つき遊び場や大きな動かせる材料の収納場所としてつかわれる。各建物には戸外の広い回廊がある。それには，乳母車や車輪つきの玩具が入りやすいように，斜路がついている。どの建物にも，大きなプレイルーム，事務所，物置，便所がある。暖房は，ガス燃料による温風を中央熱交換器からダクトによって送る方法がとられている。

組立式建物の値段は1967年に土地代を除いて約10,000ポンドである。建築家ロバート・ハワード氏は，次のように言っている。「このようなユニットは完全にポータブルでなければならないので，普通のプレファブ建築よりも，部材１フィートあたりのコストが高くつくことになる。例えば，５年という契約期間のあと，それは分解され，どこかほかのところへ再建される。これは構成部材の品質が最高のものでなければならないことを意味するものである。」

建物は２歳半から５歳までの子供25人のプレイグループのためにつくられ，ひとつのグループが午前に，別のグループが午後という風にして，３時間そこにいる。なるべく長いあいだ，丘や築山のある戸外や，車輪のある玩具のための固い地面のところで過ごさせる。ほとんどのプレイグループは，週末と祭日以外は一年中開かれている。グループの世話係は，助手だけでなく普通保母が務め，時にはその地区の母親が加わる。80のプレイグループ全部についての総監督は，ＳＣＦ本部の専門職員の仕事である。保母２名の人件費，清掃費，照明費，暖房費，一般維持費を含めた１プレイグループの経費

プレイグループのための建物は高床式で、その下は覆われた遊び場になっている。
シニア・ストリート、パティングトン、ロンドン

　ＳＣＦのプレイグループ全部が特別にデザインされた建物の中にあるわけではない。多くのプレイグループは、教会のホールや幼児福祉センターや見棄てられた土地の小屋や住宅地のクラブ室にある。全部に戸外のスペースがあるわけではない。他の目的のための部屋を利用する場合、備品倉庫は大きな問題になる。ＳＣＦが高価な設備を利用できるとは限らない。しかし、既成品よりも即興物の玩具のほうが子供たちを興奮させ、はるかに価値があるようである。[19]

　地方公共団体の保育学校が非常に不足しているので、社会の新しい要求に応えて、親たちが自分の子供のために自分たちで共同してプレイグループを組織する動きがめざましい発展をみせた。これらのほとんどのものは無収益であり、設備借用費や熟練した職員の賃金をまかなうために親の支払う金額は、3歳から5歳までの子供のために、2、3時間につき3、4シリングである。就学前児童プレイグループ協会[20]は、そのようなグループ1,200以上の組織を援助してきた。プレイグループは、その価値を母親に高く評価されており、世論が遊びの重要性を認めるのにも大切な役割をはたしてきた。[21]

ブランドン・プレイグラウンド，ロンドン

住宅地の監督者のいる遊び場

□ロンドンのケニングトン・パーク・ロードとカンバーウェル・ニュー・ロードとの間にあるブランドン団地の12歳以下の子供の遊び場は多くの点でユニークですぐれている。これは人口約3,300のコミュニティの繁栄に役立っている。この半エーカー（0.2ヘクタール）の近隣公園は牧師館あとにあり，ロンドン社会事業協議会が監督している。

遊び場には，次のようなものがある（平面図参照）。5歳以下の子供専用エリア，12歳までの子供のための舗装と芝生のエリア。そこにはプールや砂場や他に創造的な遊びを促す施設がある。気持よい環境の中ですわりたい母親や年輩の人のための腰掛のある草の遊び場，プレイルーム，物置，錠付の煉瓦製の「ウェンディ・ハウス」，便所などである。そこの造園は魅力的であり子供たちは，自分たちの小さな花壇をもっている。

ここにはいつも100人から200人の子供がいる可能性があり，近くに親しい大人がいなければ子供たちは自由には遊べない。そこでいつでも経験のある訓練を受けた職員2人と，保育グループのパートタイム職員が1人いる。休暇には，学生やボランティアによる援助の力が大きい。

設計がよく，監督が行きとどいていれば，比較的小さなスペースでたくさんの子供が遊べることを，この遊び場は証明している。また，これは，建築家や住宅管理者や居住者の快適さの基準に適う新しい住宅地開発でも申し分のないおもしろい遊び場をつくれることを示している。

遊び場は，5歳以下の子供のために，日曜，月曜を除

いて毎日2時以降開かれている。学童は，午後4時から7時30分まで利用する。夏はもっと遅くまで遊ぶことができる。休暇中は，日曜，月曜を除いて毎日午前10時から午後7時まで開かれている。

プレイリーダーの職務はおよそ次のようなものである。これは指導方針として，ほかのグループに役立つだろう。

(1) 子供の安全を守り，設備に対する適切な管理をすること。
(2) アパートに住む母親や，ここに住む多くのいわゆる「鍵っ子たち」のために，監督者のついた保育プレイグループを準備すること。
(3) 学童が変化に富んだ設備を使えるようにすること。例えば，竹馬，ブロック，テーブルゲーム，テント小屋，簡単な道具，絵の具，粘土，着付けする衣装，など。
(4) うまく遊べない子供をほかの子供たちにとけこませ，普通に遊べるように元気づけ，助けること。
(5) 両親と親しくし，彼らの助言と協力を歓迎し，うけいれること。
(6) 遊び場はコミュニティに属するものとみなすこと。したがって，遊び場を保護し世話するのはコミュニティである。

この遊び場のプレイリーダーであるウィルトシャー氏は次のように書いている。

「1965年に，この遊び場が最初に開かれた時，遊びの水準は非常に低かった。創造的な遊びはまるでなかった。例えば，いったんテントを張り終えると，次に何をしていいのか誰もわからなかった。テント小屋群のまわりでのゲームを考え出すこともなかった。誰も片づけることを思いつかなかったが，プレイリーダーが片づけるのを手伝ってくれるように頼むと，みんな快く熱心にやってくれた。

ナイフをもっている子供が非常に多かったので，最初の日の事務所は兵器庫のようになった。ナイフはとりあげられ，子供たちが家に帰るときまで，窓ごしに見える事務所にしまわれ，無事に保管された。

どの子も，ヘルパーを務めることに非常な熱心さを示した。やってくる子供の数が多く，大人のヘルパーが不足していたので，子供たちは，可能な限り，職員の手助けとして頼りにされた。ひきうけた仕事は次のようなものだった。プレイルームでの活動（パズルなど）の監督，砂場の監督（砂をなげつけないように），水遊びの監督（服をきている子供をぬれさせないように），荷車の当番，電話番，訪問客の応待，訪問客名簿にサインすること，訪問客や職員にお茶をいれること，テントの修繕，絵かき作業の掃除，窓のガラスみがき，人形の洗濯，人形の着物を洗ってアイロンをかけること，「ウェンディ

ブランドン団地のロリモア広場，ロンドン
凡例

1　セントポール館
2　プール
3　ウェンディ・ハウス
4　花壇
5　事務所と台所
6　物置
7　プレイルーム
8　劇場
9　砂場
10　低い草のテラス
11　物置
12　便所
13　砂を運び入れる門
14　プール
15　土の築山
16　壁
17　小高い芝生エリア
18　ボラード

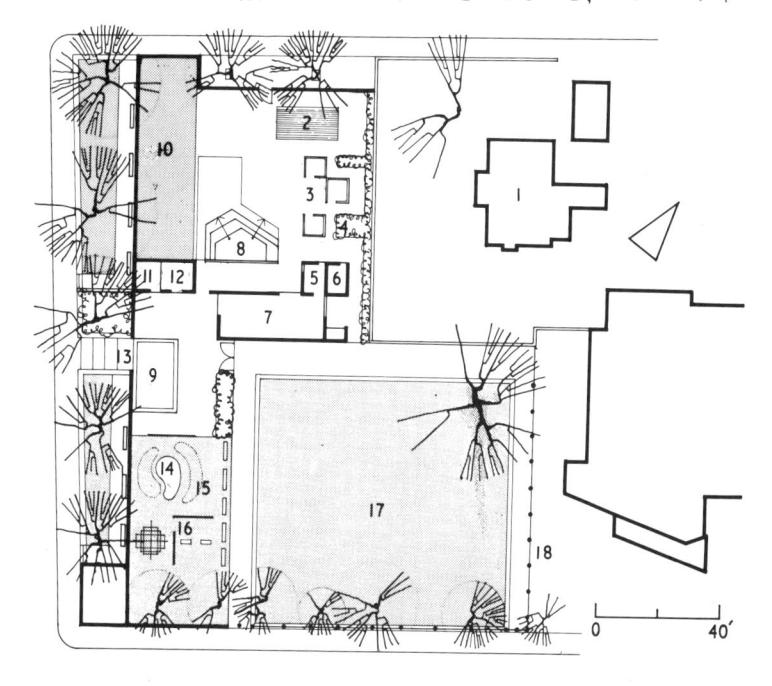

・ハウス」に泥絵の具をぬること，戸棚や引き出しに清潔な紙を補充しておくこと。
　「ウェンディ・ハウス」に「家賃集め係」ができた。その係は非常に希望者が多かったので，当番表を設けなければならなかった。「ウェンディ・ハウス」の住人は，持時間を全部大掃除に使うのをやめて，隣人どうしがお互いに訪問し始めた。
　製陶は最もポピュラーな工芸になっている。現在，ろくろを使っての作業ができるのは，戸外が使える，天気の良い暖かい日にだけである。
　音楽と演劇はプレイグラウンドでの活動の発展に重要な役割を果している。多くの子供たちは，休日に，小さなびっくり音楽会を企画した。それから，クリスマスに何かしようという欲望が生まれた。1965年には，約1時間15分つづく三つのミュージカル・マイムを上演した。それは，毎夕4日連続して両親や友人のために公演された。この行事が終るとすぐに，子供たちはもっと何かしたいと騒ぎたてたが，夏休みまでは，両親を交えた共同の労作のために集まることはなかった。それは夏休みにメインセクションの草地で，衣裳をつけた国際舞踊の展示となった。80人以上の子供が参加し，全員がそれぞれ自分の髪飾りや国旗をつくった。ボレロを60枚つくったお母さんもあれば，レースのエプロンを60枚つくった人もいた。
　寒い冬の夕方には，ストーブのまわりで読書する子供のグループがみられる。石炭の輝きは，まわりにすわって楽しくくつろぎたいという欲望をかきたててくれる。
　最初の年の終りに，この遊び場には，職員のほかに，猫3匹，ハツカネズミ2匹，カメ2匹，短い期間しか滞在しないものであるが，様々の傷ついた鳥がいた。
　たくさんの家族が，開園以来，様々のやり方で，職員の手助けにやってきたが，いろいろな関係で友情の基礎を確立する時間のあったのは，特にこの12カ月間のことである。」
　設計，建物建設，土地，敷地整備，排水，樹木や草，プレイルーム，物置，便所，「ウェンディ・ハウス」，砂場，プール，設備の総額は1965年4月に，約12,000ポンドであった。

◀いろんな種類の創造的活動が、ブランドン・プレイグラウンドの顕著な特徴である。

陶器がろくろでつくられ遊び場のかまで焼かれる。

ワン・オクロク・クラブ

1964年，大ロンドン州の公園課は，公園をもっと利用させるための実験的企画に着手した。その意図したことは年うえの子供のための，想像力に満ちたプレイパーク（92頁参照）の一端で，5歳以下の子供にも，家や混雑した通りではできない遊びを楽しみ，年うえの子供たちが学校に行っているあいだに，公園の設備を使う機会をもてるようにすることであった。そこには経験の豊かな職員がいて，いろんな遊びに子供たちを引きこむすべを知っているので，忙しい母親たちは自分の幼い子供といっしょにくつろげるその時間を高く評価していることがわかった。クラブは，週日の午後1時から5時30分まで開かれている。母親は自由に子供たちと遊んだり，休憩したりしていいが，自分の子供に対する責任は，やはり母親にあるので，公園のその場にいなければならない。はじめの実験がたいへん成功したおもしろいものだったので今では，ロンドン市内の公園や住宅地に，27のクラブが開かれている。ほとんどのクラブは，クリスマスの1週間の休暇以外は，1年中開かれている。

このようなクラブは，普通，柵で囲まれた二つの場所で構成されている。ひとつは，プレイパークの建物に近いところである。天気の悪い日には建物で遊ぶことができる。もうひとつは，すこし離れたところにあって，子供たちが遊んでいるあいだ，お母さんたちがテーブルや腰掛を使ってくつろぎ，雑談できる場所である。各クラブのスタッフは，幼児を扱うのがうまい年うえのプレイリーダーと助手や教生でそれは普通17歳から20歳ぐらいまでの若い女性である。

そこでは，良い保育学校で普通にみられる次のような材料を自由に使うことができる。例えば，色つき陶土，粉絵の具，画架，砂や水，色鉛筆，工作用粘土，たくさんの紙，車輪つきの頑丈な玩具など。子供たちは，おしゃれ用の衣装を集めたり，お母さんたちの喜びである仕立て直しや繕いをして楽しく遊ぶ。「私たちも，新鮮な空気をすい，おしゃべりして，気持よく家に帰れます。子供たちは，公園での楽しい1日をすごしたあとで，いつもよりおとなしく寝つきやすいのは言うまでもありません。」とお母さんたちは言っている。ひとり心細くなりがちな母親は，日常の問題や心配について話しあえる人がいると心強いので，プレイリーダーは母親の信頼を受けている。

そこでは2次的な活動がつぎつぎと自然に展開される。例えば，赤ちゃん猫の世話をし，住む家をみつけてやるとか，資格のある職員から着物づくりのヒントを得るとか，熟練した理髪師から特別に散髪してもらうとか，クラブの図書室で本を見て，その延長としての図書館通いをするとかいうようなことである。公園の近くに住んでいる身障児は，特定の日に歓迎される。あらゆる機会をとらえて，誕生パーティやクリスマスパーティや警官による道路安全と事故防止のデモンストレーションのためのパーティなどが催されている。

もちろん，このような魅力的で友好的な活動はすべて無料である。干渉したり，ひとつの型にあてはめようとしないで，ワン・オクロク・クラブをこのような独特のやり方で育てあげたことに対して，公園課は賞賛されてよいだろう。職員をみつけ，任命し，給料を払い備品を補給することに対する援助は，運動公園への全責任をもつロンドン州庁のプレイリーダー・オルガナイザーの仕事の一部になっている。[22]

子供といっしょになって，母親たちもくつろいだ雰囲気で楽しんでいる。

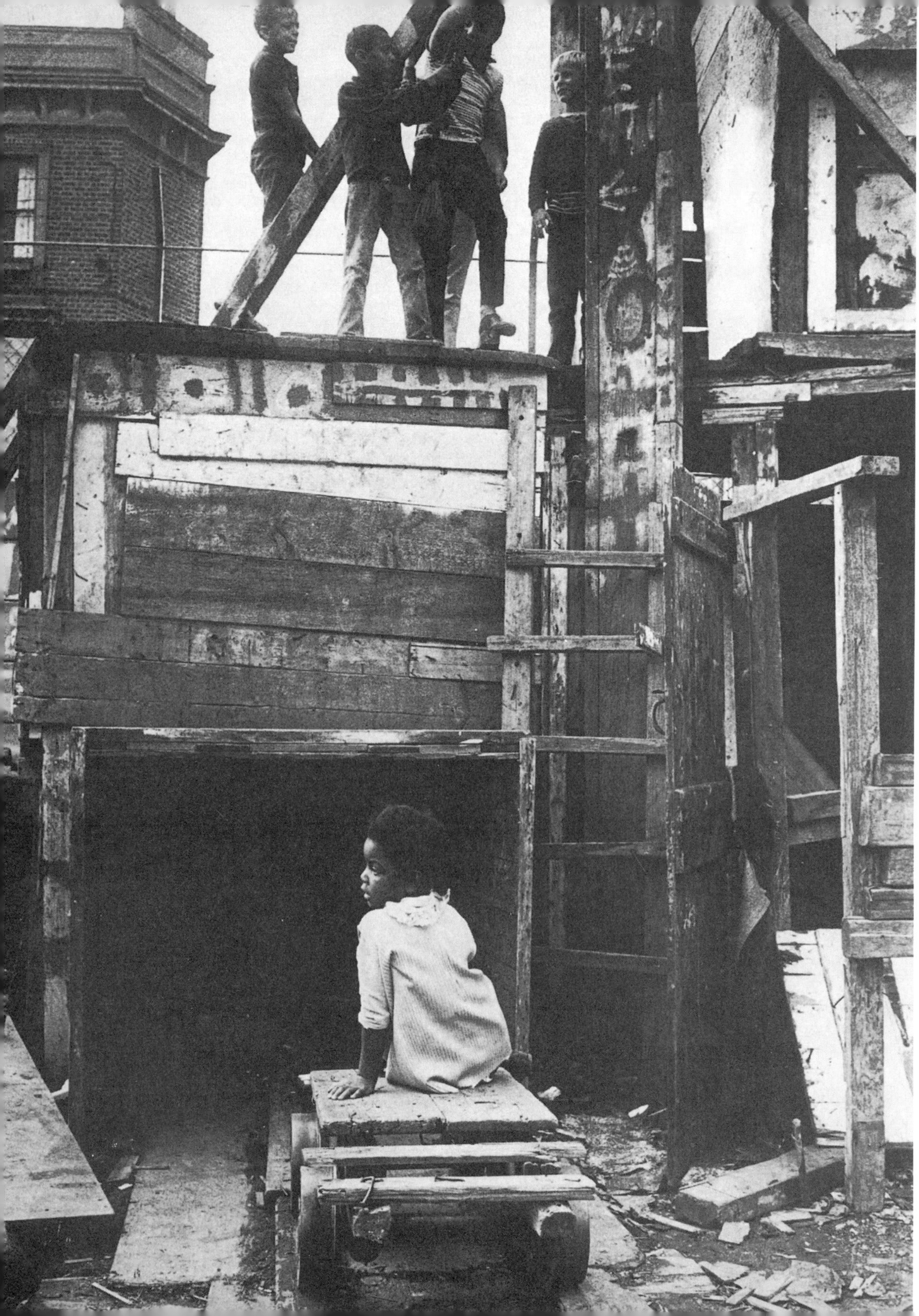

Ⅳ　冒険遊び場

> 冒険遊び場の成功の秘訣は，その連続的な展開にある。それは，決して完全なものではなく，開発されつくすこともない。それは，一種の茫漠地帯であり，多くの子供にとって多くのものでありうる。
> ジャック・ランバート，「リーダー」

　冒険遊び場では，いろんな年齢の子供が，自分の遊びのアイデアを展開させることができる。青少年はたいてい好きなときに，土や火や水や木材を使って実験したり，不当な批評や非難をうけずに，本物の道具で作業したいという衝動が強い。冒険遊び場では，寛大な理解ある指導のもとで，子供の好きな，危険をもくろみ，それを実行することができる。

　昔ながらのアスファルトの海と固定された装置の遊び場はまもなく過去の遺物になるだろう。このような遊び場が見はなされているのは，子供たちが融通性のない金物類にすぐに飽きてしまうからである。静的な道具は遊び場としての眺めにはひと役買っているが，それだけでは十分ではないのである。金物類の装置をやめ，代りに同様に静的なたくさんの丸太やよじ登れる枠組や抽象的な形のプレイ・スカルプチャーを用いだしたとき，遊び場のデザイナーは少しだけ進歩したといえる。しかしやがてこのような設備では子供の興味を持続させることができなくなり，コンクリートのボートや牽引機関車やトラックやこわれた自動車にたよるようになった。けれども，子供たちはすぐにこのようなものめずらしさにも飽きてしまい，道路でのもっとおもしろい遊びに戻るか，荒地でのもっと独創的な遊びを見つけては役人を怒らせるのだった。荒地では，少なくとも，ものを好きなように動かすことができ，古煉瓦や木材で家をつくったり，警官が見ていないときに火を燃やしたり，小川やプールに泥水を流しこんだりできたのである。今では，そのような貴重な荒地はまれになり，小川は下水溝になり，丘や小山はならされてコンクリートの下に埋められ，木はよじ登るためのものではなくなってしまった。

　冒険遊び場の構想は，ドイツによる占領期間中の1943年に創立された，デンマークのエンドラップ遊び場に由来している。有名な造園家であるＣ．Ｔh．ソーレンセン教授はコペンハーゲンの多くの美しい遊び場をデザインした。彼は，子供はがらくた置場や建設用地でいたずらしたり，そこにある廃材を使って自分たちで遊びを発展させるほうが好きであるという事実に感銘をうけたのである。

　豊かな理解力と勇気のある教授はそこでコペンハーゲン郊外の新住宅地に，エンドラップ廃材遊び場を創設した。彼と子供たちが冒険遊び場の最初の理解あるリーダーを得たことはまことに幸運なことであった。その人がジョン・ベルテルセン氏である。彼は保育学校の熟練した教師であり，もと船乗りだった。だから，このような試みにとり組める資質を十分備えていた。その頭初からエンドラップは世界の注目を集めたのである。

　1947年，ソーレンセン教授は，彼の確信を述べ次のように強調している。

　「冒険遊び場を考えるとき，子供をあまり管理しすぎたり，装置をつくりすぎたりしないよう注意したほうがよい。子供はできるだけ自由にひとりでやるべきだと思う。もちろん，ある程度の管理と指導は必要だが，子供の生活や活動に干渉するときには，細心の注意が必要である。冒険遊び場の目的は，田舎の子供の遊びにみられる豊かな可能性に代わるものを，都会の子供に与えることでなければならない。」[23]

　デンマークのスクラメルゲプレード，スイスのロビンソン・プレイグラウンド，イギリスそのほかの国の冒険遊び場はすべて，エンドラップの子孫である。けれどもこれらの遊び場はみな，互いに微妙な相違がある。なぜなら，廃材遊び場は，その国がら，用地の性格，子供の

◀人間に必要なもので最も大切な二つのものは，体験することと，自分の体験を管理することである。
Ｒ．レイング「体験の管理」

願望，リーダーの想像力，利用できる金額などの影響をうけるからである。けれども，すべての遊び場は共通の目的をもっている。それは，適応性のある素材を，自分の思うようになる自由な雰囲気のなかで，子供たち独自のやり方で扱えるようにするということである。

イギリスのほとんどすべての冒険遊び場は，近隣の父母たちやその他の自発的なグループによって始められ，運営されているものである。大部分の遊び場は，開発を待つ荒廃地にあり，5年から10年ぐらいの短期間の借地契約によって開かれている。すべてがうまくいっているとはいえないし，すべてが契約期間の終るまで維持されているわけでもない。それは，たいてい，財政的な支えが不十分なためである。

リーダー

冒険遊び場を成功させる鍵は，おおかた，リーダーの資質や経験にあるといえる。リーダーは，子供の自発的活動のための背景を準備し，リーダーとしてというよりは年うえの友だちやカウンセラーとして，先に立って行動できる分別のある人でなければならない。このような人にどんな名前をつけたらいいのか，まだわかっていない。「監督」という名前からは統制を連想させる。「ユースリーダー」は別の仕事のために養成されている。「監視員」ではあまりに権威主義の臭いがする。これといったぴったりして明快な名称はないし，イギリスでは，これまでのところ，専任の養成も行なわれていない。けれども，様々な思いがけない経歴をもった人びとがあらわれては，確かな資質をもってこの厳しい仕事にとり組んでいるのである。非常に成功しているリーダーとして，俳優，大工，鉛管敷設工，夜警，身障児や情緒不安定児を扱った経験者などがある。専門的な訓練を受けたユースリーダーや学校の教師の中には，そんな変わった状況でうまくやれる人はきわめてまれである。おそらく，彼らは，この仕事を始める前に，これまで学んだたくさんのことを忘れてしまう必要があるのだろう。

理解に満ちた，心のあたたかい人が必要である。特に，恵まれない子供，教室でさえない子供，何らかの理由で交友グループから孤立している子供の場合にそうである。失っている多くのものを冒険遊び場で見出すのは，このような子供たちだからである。リーダーは限りない忍耐心をもっていなければならない。そのうえ，概して，なじみやすい寛大な人でなければならない。ときには，厳しくしかって，彼が人間であることを示すとしても。子供たちは，信頼している人に，いろんな人間性を見出すことを喜ぶので，リーダーが不機嫌になっても，必ずしも失望したりしないものである。どんな事態が起きてもリーダーは良い両親と同様，決して彼らを失望させないことを，子供らははっきりと知るだろう。

冒険遊び場で成功しているリーダーは，子供の独自のやり方で物を創造する積極性や，みんなと親しむ能力を信頼している。リーダーは，子供の身体的発達，ゲームや協同作業のためのチーム編成，遊び方を教えることなどにあまり関係しないのである。事態が手にあまるほど危険なときとか，一時的な困難を子供たちの力で解決できないようなときに，彼はレフリーとして行動する。しかし先の見通しをもち，次の企画にふさわしい材料や道具を予測し，その時に必要と思われるあらゆる活動について積極的に討論し，準備しておかなければならない。子供のグループやひとりひとりの喜びとなるような努力なら何でも心からほめてやり，ことが中途で投げ出され完成されないようなときでも，落胆したようすを見せてはいけないのである。

ボランタリーワーカーを遊び場に集めることもリーダーの務めのひとつである。これによって，絵画，木工，模型製作，音楽，演劇などの特殊技能がもたらされるのである。リーダーはまた，父母や様々のボランティアと交際の機会をもつようにする。そうすれば，むずかしい事態のときに，子供たちは援助をうけることができるのである。

普通，リーダーには経験以外の資格はない。良いリーダーはこの上なく貴重な存在である。

委員会

リーダーには理解ある委員会の支持が必要である。十分な資金の確保，地区の関心を高めること，宣伝業務などの多くの経営的な仕事からリーダーを解放するのが委員会の仕事である。委員会の主な機能は，必要に応じてリーダーを支えることであり，干渉しすぎてはいけない。いったん委員会によって任命されたら，リーダーは，新聞の編集者のように独自のやり方で仕事のすすめ方をまかされる必要がある。これまでにも多くの冒険遊び場が崩壊した。その原因のひとつは，委員会がリーダーを統

リーダー——興味をもち，助けになるが干渉はしない。

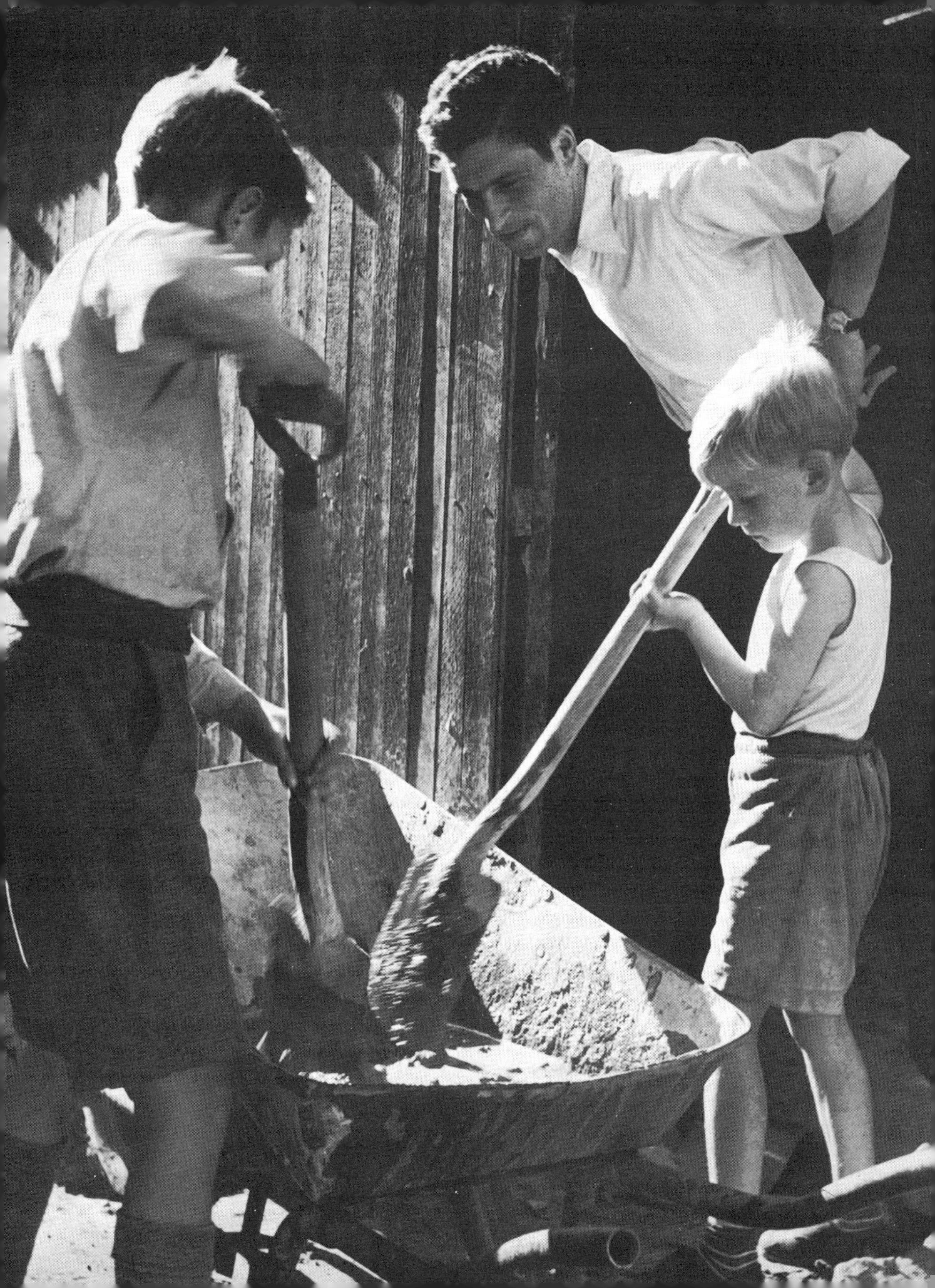

制し，管理しすぎたことであり，もうひとつは，創始の熱意をもって始められたものの，のちの避けられない危機に，リーダーを支持できなかったことである。委員会とリーダーの関係は，相互の信頼に基づいている。それは時間とともに成長し，発展するものである。最初の段階では，双方にかなりの忍耐が必要である。委員会の仕事は，性質こそ違うが，リーダーの仕事と同じほどむずかしいものである。

機会の多様性
冒険遊び場はフレキシブルな雰囲気をもっているので，そのなかで利用の多様性は限りなく展開されて楽しまれるもののように思われる。一時的なものもあるし，定着した行事になるものもある。ある遊び場では，近隣の青少年のために，毎週か毎月，パーティを催したり，場内でのケーキ作り，演芸会を開いて，強い市民意識を養っている。簡単なオペラの創案と上演とか，雑誌の編集と印刷とか，廃物の丸太や木材を適当な長さに切って養老年金をうけている老人に配ることとか，菜園をつくって野菜や花を病気の友だちや近所の人に分けることなどが行なわれている。年うえの子供のグループは自発的な作業班をつくって，まわりの人びとに関心をよせられることがたいへんうれしい老人たちの部屋の飾りつけをしたり掃除をしたりしている。美術展も催される。こうしたことやほかの多くの活動をとおして，青少年たちは自分がそこで生活しているコミュニティの一員であることを知り，人の役に立つことを学ぶのである。休日キャンプや田舎への週末旅行を企画する冒険遊び場も多いし，また，外国旅行を企画するところもある。

ある年うえの子供は，自分の属している冒険遊び場についての映画をつくった。彼はそれに満足していなかった。「僕は何かを見落した。それはコミュニティであるように思える。」と彼は言った。これは適切な表現である。なぜなら，冒険遊び場とは年齢や性格や利用の方法が種々雑多であり，それが渾然一体になっているなかを流れている精神を伴う存在だからなのである。

冒険遊び場では，子供たちが，それぞれが得意なことを発揮できるので，健全な自尊心が養われる。そこでは遊びの機会が豊富であり，遊び場自体や年したの子供の世話や遊び場外の他人に対しての責任感が著しく発達する。すすんで人の手助けをするようになることは，おそらく，本当の成長をしめすものであり，それは子供や青少年たちのために，彼等とともに働いているすべての人の目標である。

敷地とその利用
冒険遊び場は，子供の要求に従って，子供自身の手でつくられるものである。けれども，ある程度の基本的なものは委員会や地方公共団体やあるいはその双方が準備しなければならない。おそらく，敷地の大きさや形態はほとんど選択の余地はないだろう。1/4エーカー（0.1ヘクタール）以下の敷地では小さすぎるし，1 1/2エーカー（0.6ヘクタール）以上では維持管理しにくい。形態自身はほとんど重要ではないとおもわれる。利用しやすいということからいえば敷地は平坦地であることがよいが，丘を築いて平坦地でなくすることもできる。夕暮れや天気の悪い

楽しかった一日の終り

ときに，子供たち全部を収容できる広いパビリオンが必要である。屋内活動のためのできるだけ広い場所，男子と女子用の便所，職員の便所，リーダーのための事務室，材料置場用の広いスペース，そして適切な暖房と照明が必要である。屋根つきのベランダがあれば，もっといろいろなことに利用することができるだろう。

敷地を塀や煉瓦の壁や金網などで囲ったほうがよいのか，それとも，すっかり通行人の好奇の眼にさらしておいたほうがよいのかについては意見が二つにわかれている。子供や青少年たちは，世間の注目を浴びながらよりは，自分たちだけの世界で遊んだり仕事したりするほうが好きなものである。

大人たちは子供が楽しんでいる，きたならしい雰囲気を理解できないことが多いし，子供の遊び場には当然であるはずの乱雑さを見るのが大嫌いなので，敷地を完全に塀で囲いこんだほうがありがたい。遊び場がすっかり囲われていれば，大人たちは塀の上からみえるたき火のうず巻く煙を見たり，シュウシュウいうソーセージや焼いものおいしそうな臭いをかぐだけですむ。また，このような塀は騒音防止にも役立つものである。エンドラップの遊び場では，敷地の地面が周辺の土地より6フィート（180センチ）も低くしてあり，刺のある灌木が隣接した高い土手に植えられている。冒険遊び場が通行人や警官に見えるようにすべきだと主張する人もいるがそうした人びとは，そうすることによって囲ってあるときに起きる望ましくない事態を減らすことができると信じているのである。

意外なことに，保険会社では，冒険遊び場内の子供たちというのは，自分の行為に夢中になって楽しんでいるので，その状況は全般に健全なものであると考えている

59

セント・ジョンズ・ウッド冒険遊び場，ロンドン

のである。また，リーダーのついていることを高く評価し，かなりの条件で保険契約をしてくれる。[24]

1966,7 年に，イギリスの認可学校で費やされる，ひとりの不良少年の養育費は，1週間あたり約20ポンドである。[25] もし，遊び場で子供たちに豊かで楽しい時間をすごさせることで，1年にひとりの子供を非行から救えるとするならば，リーダーの給料をだすのは容易なことである。また道路での事故がコミュニティに与える損害は非常に大きいものである。1年にたったひとりの子供を悲惨な事故から守ろうとすれば，ひとりのリーダーの給料を十分に支払うことができるだろう。

リーダーや助手がいつも遊び場にいるということは無理なので，敷地のなかには，決して囲われることのない部分を設けるのが賢明である。そうすれば，子供たちはリーダーがそこにいなくても，遊び場からしめ出された

とは感じないだろう。固い地表のボールゲームの場所はいつでも使えるように開放しておけるだろう。幼児や母親のための場所も同様に開放しておくことができる。そこは，樹木，草，腰掛，テーブルなどのある気持よい庭園部分である。経験によれば，快適な手入れのよい休憩所をつくろうと細心の注意が払われていることがはっきりわかるようなところでは，破壊行為や乱暴は行なわれないものである。

冒険遊び場には，自由で意のままになる雰囲気と自己表現のための豊富な機会があるということだけでなく，さらに，空間と施設を徹底的に利用することができる点にも注目する価値がある。例えば，学童が学校に行っている午前と午後の時間には，就学前児童の監督づきのプレイグループが編成される。これは，幼児が安全に遊べる場所をさがして苦労している親たちにたいへん喜ば

れる。

　休日と土曜日には，遊び場は午前9時から午後8時まで開園されている。学期中には，冬も夏も，学童はお昼休み時間と午後4時から8時まで利用することができる。

　冒険遊び場の青少年に特有の，自分の属するコミュニティへの執着——年齢とともに強くなっているこの傾向は，これまで完全には解決されてない問題を提起する。というのは，15歳以上の子供のなかには，どこかほかのところで自由に喜びや娯楽を求めるように放っておかれるのを嫌がる者がいるからである。その執着があまり強く，遊び場に自分たちのコミュニティ活動を続けられるような特別の施設をつくらなければならなかったところもある。柔道のような技術の訓練をしたり，楽団をつくったりしたい青少年のために，すぐれた屋内施設を午後8時から10時まで，安く貸しているところもある。青少年は，その個性を尊重され，自分の行動の選択をまかせられると，驚くほど責任感が強くなるものである。

　このようにして，冒険遊び場は2歳ぐらいの子供から20歳ないしそれ以上の青年までの要求を満たせるものであることがわかる。冒険遊び場は午前9時から午後10時まで利用される。広い年齢層に利用されることや冬も夏も同様に1年中長時間利用できることが，冒険遊び場とほかの遊び場との大きなちがいである。

　冒険遊び場への主な反対意見は，すでに述べたようにその乱雑さに対するものである。けれども，これに対しては，外から見えなくすることができるのである。もう

子供たちは混沌のなかに自分たちの秩序をつくりだす。

◀静かな読書

61

一つの反対は，事故の恐れに対してのものであり，これは慎重に吟味する必要がある。敷地は，普通，ごつごつしている。道具は強力で，ときには致命的なものになる。子供たちのつくるクライミング・ストラクチャーは，リーダーが試験したものではあるが，つぶれそうで，危険なように思われる。たき火は危険なものだと考えられるかもしれない。ときには歌いながら，グループで作業したり，遊んだりしているいろんな年齢の，たくさんの子供たちというものは制御できなくなりそうに思われるかもしれない。けれども，イギリスでのこの10年間の経験によれば，切傷とか打撲傷以上に重大なものはなかったし，両親からの訴えもなかったのである。子供たちは何をやっても危険にさらされているものである。致命的な事故の多くは，車の通る街路で遊んでいるときに起きる。そして，非常に重大な事故は，従来の遊び場で退屈さのあまり悪ふざけするときに起きるのである。

子供たちは自分の限界を知る。

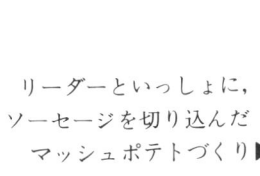

リーダーといっしょに，ソーセージを切り込んだマッシュポテトづくり▶

バンドリー・ヒル冒険遊び場，スティブネジ，イングランド

ノッティング・ヒル冒険遊び場，ロンドン

ボランタリー組織と地方公共団体

冒険遊び場を建設する責任はいったい誰にあるのだろうか。それを維持管理し、監督すべき人は誰なのだろうか。そして、資金を調達することの責任は誰にあるべきなのだろうか。

どの地区にも適当な冒険遊び場がなければならないとすれば、資金調達と適当な敷地を準備する主な責任者は、明らかに地方公共団体である。けれども、地方公共団体は規定や訴訟の恐れなどの障壁にとり囲まれているので実際に遊び場を監督する場合のいろいろな問題に対処する弾力性に欠けているのである。だから、ボランタリー組織が率先して行動し、冒険遊び場の必要性とその実現の方法について実証する必要があるように思われる。

冒険遊び場を建設するに際してたいへんむずかしいのは、ひとつは建設費（建物、塀、暖房、排水など）の調達であり、もうひとつは遊び場の維持費の調達である。デンマークでは、その解決策が、1965年4月1日に発効された児童福祉法のなかに制定されている。それによれば幼児、学童、青少年のための施設への公共機関による年間補助金は、政府から45％、地方公共団体から35％である。残りの20％をボランタリー組織が調達するというのはむずかしいことではない。維持費に加えて、ローンの借入金や利子は、政府が$\frac{4}{7}$、地方公共団体が$\frac{3}{7}$という割合で全額支払ってくれることになっている。[26]

冒険遊び場の性格からみて、おそらく、その維持管理についてはボランタリー組織[27]と地方公共団体との共同体が最良の解決策であろうと思われる。前者は管理と経営について全責任があり、後者は建設費と管理費の最低85％の補給について責任をもつのである。この場合、ボランタリー組織とは、適当な場所の選定について、地方公共団体に助言し、冒険遊び場が効果的に運営されているかどうかを調査できるぐらいに豊かな知識と経験をもった、国家的ないしは少なくとも地域的な団体である。そのような組織のすぐれたものの一例として、スイスのプロ・ジューヴェンチュートがある。[28]

アンプトン・ストリート冒険遊び場、ロンドン

ノッティング・ヒル冒険遊び場,ロンドン

□これは,人口密度の高い貧民地区の1/3エーカー(0.13ヘクタール)強の敷地にある。敷地はサザーク自治区が用意し,塀で囲った。遊び場は建物で5歳以下の子供と学童のエリアとに分けられている。建物には,両方の年齢層の子供のための二つの大きなレクリエーション・ルームがある。

学童の遊び場

□主な遊び場は三つの部分に分けられる。すなわち,冒険エリア,ボールゲーム・エリア,庭園である。この三つのうち,最も大きくて重要なのは冒険エリアで,ここは全体構想の出発点であり,核心である。ここはむかし古いアスファルト舗装と土の地面があり,高さ25フィート(7.5メートル)の2本の街灯があるだけだった。

ボールゲーム・エリア(65×45フィート = 19.5×13.5メートル)はほかと,高さ4フィート(1.2メートル)のコンクリート・ブロックの擁壁で分けられている。擁壁は建築工事の残材を積んで形をととのえ,勾配をつけたもので,土手の部分は,金網に吹きつけたコンクリートで舗装し,そこに階段やクライミングストーンやプラットフォームに使える花崗岩ブロックがはめ込まれている。これは子供たちが登ったり,走ったり,座ったり,見物したりするのに始終使われている。未舗装の草の盛土はまったく非実用的である。

一番奥の片隅に,はじめは,大がかりな庭が計画されていたが,のちに廃案になった。それは費用がかさむためでもあり,自分たちで庭を作る機会を子供たちに与えるためでもあった。そこはまわりの盛土とともにそのまま残され,小さな築山に数本のサイカモアカエデが植えられた。こうした子供自身の力による活動を自由に発展させていけることが,冒険遊び場の基本的な特色である。

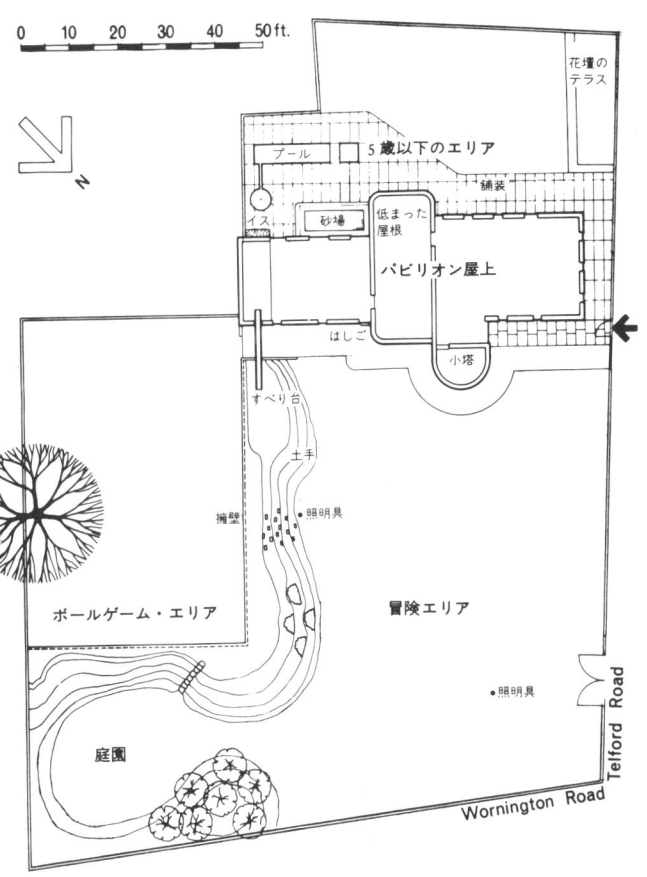

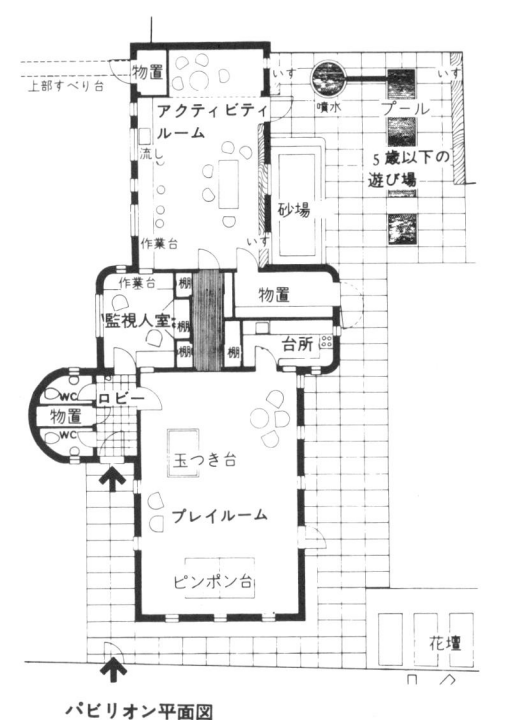

前頁：北側からみた冒険エリアと建物。建物の左側に屋根からのすべり台がみえる。
子供たちが自分たちの遊び場をつくり出す前に写されたもの。

左：配置図

遊び場の入口

屋上へのはしご

5歳以下の子供のエリア
□ここは，建物の南西側で，最も日あたりのよい，最も保護されたところである。ここには，周囲の舗装された砂場や水遊びプールがある。中心部はなめらかなアスファルト舗装で，よちよち歩きの子供が車輪つきのオモチャで遊んだり，ゲームをするのに使われる。

ここは，もっと年うえの子供も使えるが，冒険エリアでの活動よりも静かな活動を意図してつくられた。夏の夕方には，ここでピンポンなどのゲームができる。片側には，腰かけるのにちょうどいい高さのテラスがある。そこには，子供らが自分たちの種子や植物を育てるように，良質の表土がいっぱいいれられた。

屋上
□屋上は遊び場の一部であり，いろいろな高さの遊び場をもつように計画された。そのひとつは小塔である。屋根は年うえの子供用と考えられていて，急なはしごでしか登れない。はしごの一番下の段は，年少の子供が登れない高さに切りおとされている。屋根からのすべり台は，おもしろ味があるが，同時に，脱出の手っとり早い手段として，当局を満足させる。中央の低まった部分は一種の戸外の部屋として，年うえの子供のグループがレコードを聴いたり，雑談したりするのに使われる。

プレイルーム
□プレイルーム（20×30フィート＝6×9メートル）は最も大きな部屋である。ここは，建物への入口のちょうど内側にあり，反対の側には，舗装された遊び場に通ずるドアがある。ここは，ゲーム，会合，ダンス，ピンポン，玉突きなどのために使われる。細長い窓は，あらゆる年齢層の子供が外を見られるようにデザインされたものだが，それと同時に，ガラスの面積を（したがって破損を）最小限にしている。換気は，壁内におさめられたルーバーによっている。天井タイルは熱の絶縁と音の吸収に役立っている。半埋込式の天井の螢光灯は連続的に配置され，プラスチックの散光器がつけられている。壁にははり紙や黒板がならび，カーテンは子供たちが用意したものである。

設備の整った小さな台所があり，少女たちはそこでお料理して，ハッチから軽食を供することができる。ここはすごく頻繁に使われるので，もっとスペースがあり，もっと間口の広いハッチがあれば理想的だろう。

アクティビティ・ルーム
□この部屋は，戸棚のならんだ廊下でプレイルームと結ばれている。ここは，絵画，粘土細工，工芸のような，静かな，腰をおろしてしがちな活動のためにデザインされている。部屋の片側のはじからはじまで，フォルミカ（加熱硬化性合成樹脂）ばりの丈夫な作業台があり，そこに流しがついている。この作業台の前の窓から冒険遊び場が見える。最小限のガラス面積で最大量の光が得られる窓のために，作業台はほとんどいつでも明るい。

反対側には幾分大き目の窓がある。これは5歳以下の子供の日当りのよい仕切られた部分に面している。この窓は突出を避け上下に引き，下の部分には硬化ガラスが入っている。ひとつづきの窓下の長いすは，幼児が腰かけたり，オモチャを並べたりできるよう低くしてある。

この部屋は，とりわけ，5歳以下の子供の日中のプレイグループにむいている。この部屋と戸外の5歳以下の子供の遊び場から出入りできる大きな物置がついている。

5歳以下の遊び場

リーダーの部屋
□リーダーは自分の部屋にいると、遊び場全体の要に位置することになる。部屋のドアは、表玄関のドアの真向いにあり、両方のドアを開いておけば、遊び場の入口の門がじかに眺められる。部屋には、冒険遊び場の見える広い窓と、すべり台や屋上へのはしごやボールゲーム・エリアなどがすっかり見える側窓がある。作業台が二つあり、それぞれに二つの主要な部屋と連絡をとるハッチがついている。天井までの高さの錠つきの戸棚や電話もついている。

更衣室と物置
□二つの更衣室があり、それぞれに便所と洗面所がついていて、表玄関ロビーから入ることができる。表玄関ロビーには水飲み場がある。もしできたら、足洗い場とシャワーかハンド・スプレイのついた小さなシャワー室もあれば便利だろう。二つの便所は最高70人の子供のために準備された。実際には、遊び場を250人の子供が使っていることがしばしばあるので、男女にそれぞれ二つずつ便所があればもっと理想的だろう。プレイルームと同様ロビーにもコートをかける設備がある。

既述の物置のほかに、表玄関に、掃除用具、電気設備を入れるための錠のかかる物置があり、そこには屋根裏にある水槽や小さな物置への登り口がある。

二つの更衣室と、上部に水槽や屋根裏部屋のある物置は、屋上の小塔の下に位置している。

暖房
□主要な二つの部屋の暖房は、アクティビティ・ルームの端にある輻射対流放熱器と併用して、高性能の温風暖房器を使っている。更衣室には小型の電気ストーブがありリーダーの部屋には輻射対流放熱器がある。このシステムはフレキシブルではあるが費用がかかる。節約には高度な管理が必要とされるが、いつでもできるわけではない。理想的には、暖房はリーダーの部屋で管理すべきである。

67

素材

□主要な構造は煉瓦，ブロック，コンクリート製で，どれも，できるだけ丈夫につくられ，良質のペンキで仕上げられている。落ちやすいプラスターは使われていない。ぶつかりやすい角は丸みをつけてある。装飾的な要素は子供たちの手で変えられる。例えば，手染のカーテン，ピンナップするもの，黒板などのようなものである。

維持費節約のためには，予算のゆるす限り，すべてのものを頑丈につくらなければならない。ドアの枠とその取りつけ金具，ちょうつがいと支柱，内外のすべての壁面，らんかんや手すりとその取りつけ具——つまり，ゆすぶられたり，引っかかれたり，よじ登られたり，強く打たれたり，もて遊ばれたりしそうなものはすべて頑丈につくらなければならない。

プラスターが使われていないのはもっともだと思われる。粗い壁面は落書しにくく長もちするからである。傷つけられやすい場所は全部，「ブロック・フィリング」タイプの塗料と最高のつや出し材料を多量に使って仕上げられている。

これまでのところ，更衣室はモルタル塗の壁の上に良質セメントを塗った仕上げが，釉薬タイルと同程度に良いことがわかった。主要な部屋の床タイルは，2色のまだら模様であるが，あまりに冷え冷えした感じである。汚れたゴム靴の足あとや運動場から持ちこまれる泥土の問題は，学校やそのほかの子供の建物よりもさしせまったものである。いつも遊び場らしい様子を保つためには，ささいな非難はできるだけ控える必要がある。

ガラスの部分は建物のなかで最も傷をうけやすいが，観音開き戸のようにつき出さない細長い窓のおかげで，これまで，破損を最小限におさえることができた。

敷地の囲い

□この敷地には，破壊行為やごみすてという悪い歴史があった。だから遊び場建設以前に，そのプランとはまったく無関係に囲いがつくられた。高さ8フィート(2.4メートル)のコンクリート板と4フィート(1.2メートル)の金網からなる12フィート(3.6メートル)の高さの塀がつくられたのである。これは驚くほど巧妙な解決法であった。これはボールを外に出さない高さであり，遊び場をひとつのまとまった独自の世界にするのに十分な堅固さがあった。冒険エリアは，当然，乱雑なものになり，近隣の美観をそこねるので，これは重要なことである。また，子供たちは外から見られたくない。といっても，敷地の

なかが全然見えないのも実際的ではない。遊んでいこうかどうしようかとためらっている子供は，決心するまえに，通りすぎながら，なかを覗きこんでみたいと思う。また，閉園時に，遊び場を監視できることも必要である。このような理由で，二つの小さなすき間がつくられ，垂直の鉄柵がはめこまれた。

費用

□費用総額（土地取得，塀づくり，現物寄贈を除いて）は，1966年に11,635ポンドである。このうち9,370ポンドは諸設備や排水工事を伴った建物建設費に，残りは冒険エリアと庭以外の地面の舗装を含めた遊び場そのものの造成に費やされた。

建築延床面積は1,509平方フィート（140平方メートル）であり，1平方フィート（929平方センチメートル）あたりの費用は，排水，供給設備を含めて，6ポンド4シリング7ペンスになる。

設計者：ミッチェル設計事務所

この本でもとりあげた有名な遊び場の創立者であるスウェーデンのアービッド・ベンソン氏は，ノッティング・ヒル冒険遊び場を訪問したあとで，次のような批評を述べている。

「1946年のエンドラップの最初の訪問以来，これほど感動したことはない。そこには，まさに，私が遊び場をつくるときにいつも求めていた精神や雰囲気があった。しかし，それがどのようにしてつくりだされたのかはわからなかった。ノッティング・ヒル冒険遊び場をこんなにも非凡なものにしているのは，いったい何だろう。それは，親密さ，つまり，小屋のもつ暖かい感じなのだろうか。おそらく，あまりに開放的な遊び場が多いのだ。ノッティング・ヒルのパビリオンは戸外と巧みに関連づけられた非常にめずらしいものである。」

ノッティング・ヒル冒険遊び場のリーダーである，パット・スマイズ氏は次のような意見を述べている。

「ここにはくつろいだ雰囲気がある。特別感化院から戻った少年や，クラブにやってくる老齢年金生活者や，以前に自分が通っていた保育グループに子供をあずけにくる未婚の母親や，船を降りたばかりの西インドの青年などにも，そしてまた，不安な道路から逃げこんでくるたくさんの子供たちにもくつろげるところである。

教育学者が見学に訪れる。古材木でドリーム・ハウスをつくり，水に入ってしぶきをあげ，土を掘り，植物を栽培し，その花を観賞し，手づくりのスティール・バンド演奏をする子供たちの本来の活動を見にやってくる。

社会学者は，コミュニティ生活の科学を知らない人々が，どんなふうに手づくりのコミュニティをつくるのかを知りたがる。というのは，社会学者は，テレビや洗濯機という外面的な進歩にもかかわらず，生活の基盤には鉄道とか運河とかが利用されはじめた頃のままのものが，かなり多く残されていると考えるからである。」

「子供の島」に通ずる浮橋。島は近隣クラブによって管理されている。

スウェーデンのオーデンスガータンにある冒険遊び場。これは，ブランコ，菜園，草原の遊び場のある総合公園の一部であり，1960年に始められた。約1,450平方ヤード（1,210平方メートル）の広さがあり，高い材木の塀で囲まれている。それは子供に親密感を与え，通行人から彼らの活動をかくすのに役立っている。

西アムステルダム「子供の島」での家づくり

建設用地の遊び場

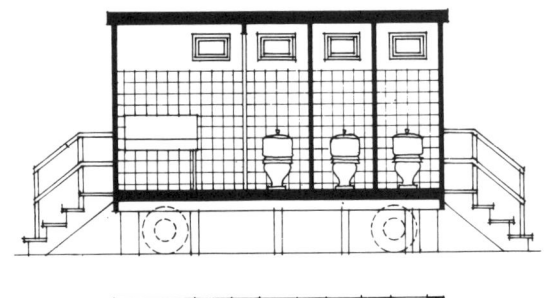

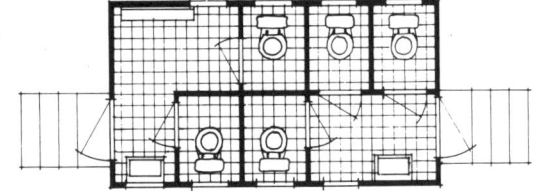

移動トイレット・カー

□子供たちは建設用地にある刺激や危険を喜ぶものである。そこでは，建設業者が置いた材料を使ったり，建築中の家を探険したりできる。ときにはひどい損害をうけることがあって，業者は，当然，眉をひそめる。ルードーブルの都市計画家，ボルグ・T・ローレンツェン氏は，子供のこのような本性を重視して，建設用地の小部分を遊び場用にとっておくというアイデアを考え出した。彼は遊び場に建築業者からの道具や廃材をもちこんだ。

洗面所は移動トイレット・カーによっている。地区の衛生官は臨時の遊び場でのそのような使い方を承認している。リーダーと物置のために，小屋がつくられた。6歳から16歳ぐらいまでの少年少女は，こんな即興の遊び場で楽しみ，建築業者は喜んで協力した。[29]

レノックス・キャムデン遊び場，米国マサチューセッツ州

□実験的な遊び場がつくられた。その効用と開発については，マサチューセッツ州ボストン市のロウアー・ロクスベリーで，7カ月間（1966年4月から10月まで）慎重に検討された。次の文章は，ロビン・C・ムーア氏によるこの実験の評価の要約である。[30]

敷地（285×55フィート＝85×16メートル）は近くにこわれた家のある衰微しかけた近隣住区の住宅で囲まれている。遊び場のある住宅地計画は，まったく，黒人のためのもので多様な社会的性格をもっている。

レノックス・キャムデン居住者組合の約90人のメンバー（たいていは母親）が出席した3月の会合で，最初のデザインが提示され，賛同を得た。以後，計画の完成までずうっと，全員の支持が得られた。あるグループは，土曜日ごとに，作業班のための昼食を準備した。

工事は4月に開始され，遊び場は10月中旬にほぼ完成していた。予算はきわめて少額だったので，寄付されたものや，その土地にあるものや廃材を利用しなければいけないというデザイン上の制限があった。また，自発的な労働は連続しにくいので，建設作業はごく単純なものでなければならなかった。

費用総額は2,800ドルだった。同じデザインのものを建設業者に見積らせると15,000ドルであり，同じ規模のありふれた「標準的」遊び場に対する予算は，7,500ドルであった。

実験の目的

□デザインの目標は，次のような個人の発達を助けるという一般的目標と関連している。

a）創造的で想像力の豊かな遊び，身体活動や手仕事の技術，認識力の発達，知識や知覚刺激や知覚力の取得などを促進し，遊びの社会的な面——自己認識，人格形成，社会意識——の発達を促すような環境をつくること。

b）より一般的なコミュニティ活動のために集まる広場をつくること。

たいていの遊び場は活動の種類が非常に乏しく，魅力がなく，危険で，おもしろ味がない。遊び場は予算割当の順位が低いので，つくられるときに，ただ二つの目標——安い建設費用。維持費の安い，簡単な装置——に適うように設計される。

実験の目的は，遊び場の設計に関連する特有の問題を検討できるように，自由で，変化があり，選択性に富んだ遊びの環境をつくることであった。創造的で，想像力にあふれた遊びは，子供たちにとって最も貴重な活動であると考えられているが，そのための場が設けられることは非常に少ない。

遊び場は，ほかでは不法とみなされる活動ができる，自由な自己表現のための場であると考えられている。例え

ば，火を使ったり，泥だらけになって遊ぶのがみられる。石を投げあったり，びんをこわしたり，がらくたを落したり，施設を攻撃してこわしたりするごく稀な特殊なことにしか眉をひそめられない。施設は，普通，激しく乱暴に使われるので，それに耐えるようにできるだけ頑丈につくらなければならないことがすぐにわかった。

きたなさや危険や概して使い古しの材料が使われていることについて，コミュニティから強く批判されるのではないかと予想された。きたなさについての批判はほとんどなかった。そこはほかの場所よりきれいでもなく，きたなくもなかった。危険についての批判は，その大部分が，10代後期か子供のいない若い大人によるものだった。バスケット・コートがつくられる前は特に，遊び場をひやかしに来る人が多かった。彼らは，遊び場の中古性を批判した。批判や，ひやかしは，のぞき見グループの標準に従う態度にすぎない。このような批判は，背後にある思想——つまり，遊び場は10代以上の子供を魅きつけるために，心をおどらせるものがあり，危険でさえなければならないという思想——とその実験的性格を説明するのによい材料として使われた。

コミュニティによる批判の大部分は，危険に集中していた。しかし，話していると，問題の別の面，すなわち，危険に立ち向かう必要性を認める方向に進むのだった。批判者たちは「普通」の遊び場でも同様に起こりやすい重大な事故が，ここでは一度しか起きなかったので勇気づけられた。

活動と利用パターン

□子供たちは，ここがとがめられずに遊べる場所であることをすばやく見てとった。だから，遊び場は，最初から子供たちがすっかり融けこめる活動の場になった。

工事中も，驚くほどたくさんの活動が行なわれた。美術工芸の会が二度開かれ，夏の夕方，遊び場沿いに，近隣のストリート・カーニバルが催された。ティーン・エイジャーのスポーツの夕べや，夏の日曜の夜に映画鑑賞会が開かれた。そのほかの催しの可能性についても話しあわれた。

遊び場に足をむけさせる魅力や理由は，活動そのものであった。けれども，まわりに腰掛けてそれを眺めるところがあれば，話したり，歌ったり，冗談を言ったり，ふざけたりしながら見物できる。プレイハウスや塔やバスケットボール・コートでの激しい活動は，彼らに話題を提供する背景となった。

遊び場を訪れ，そこですごす時間は割合短いことが多い。出入りは頻繁で，そこでの活動は，子供の家のなかやまわりで行なわれるものの鎖のひとつの輪にすぎない

工事が始まるまえの敷地

ことが多いように思われる。いわゆる遊び場は，多くのほかの遊びの場所——街路，計画住宅群のなかの大きな砂の空地や草地やアスファルト面の場所やスプレイ・プールなど——の一つにすぎない。例えば，子供は学校から帰って，遊び場でしばらく遊んでから着換えに家に帰り，おそらくおやつを食べたりして遊び場に戻り，そこに面した建物の正面階段に腰かけて話をしたり，「スラッシュ・トラック」（その地方の菓子運搬車。「スラッシュ」はかき氷にフルーツ・シロップをかけたもので，1杯10セント）に集まり，バイクを借りて出かけ，再び遊び場に戻り，人形やキャンディや鉄砲や友だちに見せたい最新のバットマンの秘密の仕掛を取りに家に帰り，また戻ってくる……など。

わかる限りでは，最も頻繁なのは，家と遊び場との間の往復である。このように，遊び場は，ほとんど，大きな戸外のプレイルームとして，または，子供の家のほかのリビング・スペースを補うものとしての機能を果している。

遊び場はたいていの家に非常に近いところにあるのでこのような利用パターンを促進したのは明らかである。このようなパターンは健全であると言われている。施設がもっと遠いときのように，遊び場への訪問を形式的なものにする必要は少しもない。友だちがほしいとき，活動したいとき，子供たちは，まず，遊び場に出かける。だから，遊び場は住宅地と親密な関係をもつように計画すべきである。

年齢についての観察で重要なのは，年齢と身体的能力はほとんど関係がないし，ころげ落ちることと同様とくに勇気とは関係がないということである。例えば，6歳の少女は次におこることを考えずに塔に登るが，11歳の少年はこわがってそうしないだろう。このような観察からちがった年齢層の子供たちを分離しないでよいというようなデザイン上の多くの知恵が得られる。

非常に熱心に行なわれた一連の活動は，まったく計画されず，予告もされないものだった。子供たちは，設計者にはわからないのだが，場所や材料や状況に潜んでいる遊びの可能性を見出すことができた。例えば，スプール・タワーから砂場に跳びおりる遊びは非常に人気があった。子供たちは次第に高いところから飛びおりることに挑戦した。数人は，一番高い黄色の塔から，たいていの子供は中位の高さの赤色の塔から，最年少の子供は一番下の青色の塔から飛びおりた。また，子供たちがいかに協力して上手にカブト虫あつめ活動を計画するかは，はじめはよく理解されなかった。その準備はごく簡単である。いくつかの大きい，といっても動かすことのでき

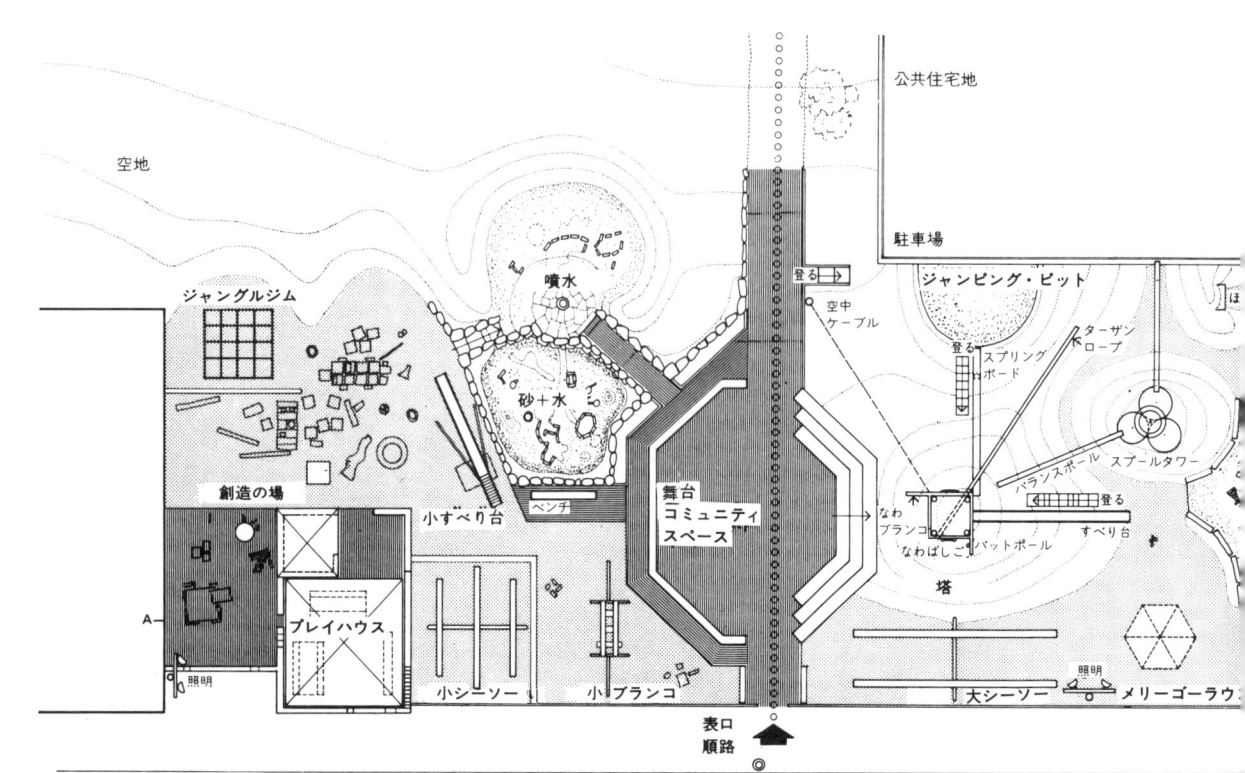

草地または砂の平地
アスファルト，煉瓦，コンクリート面
丘-1'0" 等高線

0 5 10 20 30 フィート

造の場
砦
ベンチ
バスケットボール
照明
大ブランコ
ベンチ
教会

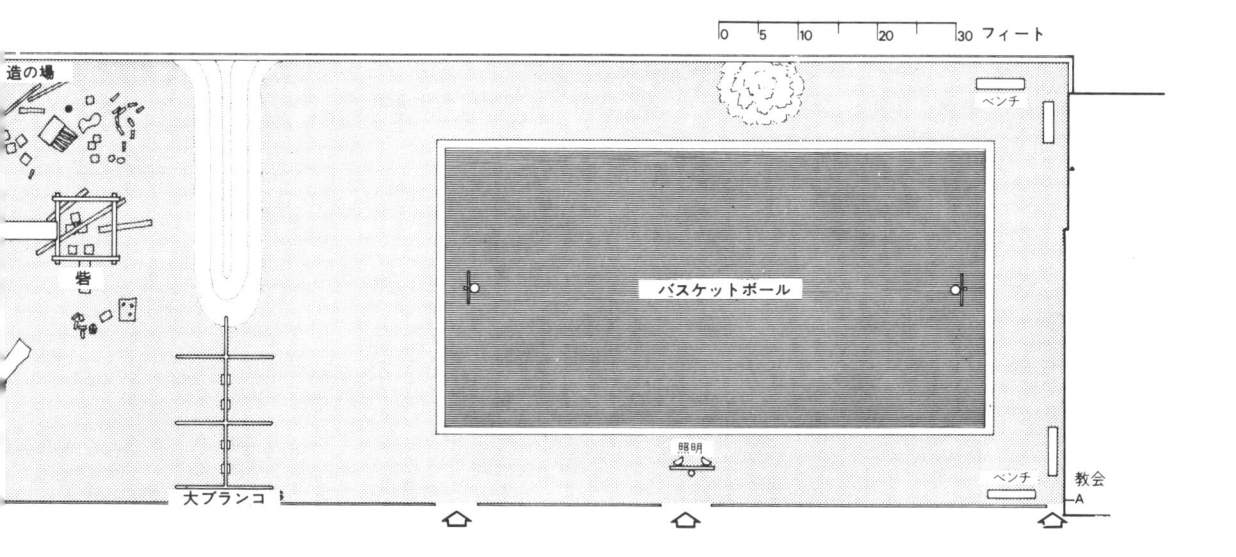

る大きさの石をあたりに置きさえすればよい。（ひとりの12歳の少年が、カブト虫展覧会を計画したがっていた。）

創造的で想像力豊かな遊び

□創造的な遊びは、子供たちが自分の目的を達成できるように環境に働きかけ、自分のまわりの世界は変えられるもので、与えられたものではないことを感じさせるよい機会である。

　人の目には普通がらくたに見える材料が、実は非常に創造的で想像力豊かな遊びと密接に関連がある。役に立つがらくたは建物づくりに使えるものや、以前に固有の機能をもち、今もそのように使えるものである。例えば自動車のハンドルは「消防自動車」のハンドルになった。このような材料は、それぞれが想像力をかきたてる小道具として使われ、子供が独自の筋道で考える際の導火線の役割を果すことが多かった。

　動かせる素材はいろいろ、実際上の問題をひき起こした。あまり頑丈でないものはこわされ、役に立たなくなった。こわれものは取り払って、処分しなければならなかった。しばらくすると、動かせる素材は遊び場に散乱し、潜在している遊びの可能性を減少させるようになった。大人がそれをときどき整理しておくと、遊びを刺激する力が強まった。特に魅力あるものは遊び場の外に持ち出されることもあった。これを防ぐには塀を設けるしかないようである。

　いろんなものをつくる活動は人気を集めたので、それが、もっとできるように、いくつかの丘や、設計されていた小さいほうの砂場は省かれた。最も人気のある動かせる素材を探し出すのがひと仕事だった。それはミルク・クレイト、各辺が1フィート（30センチ）ある大きな木片、厚さ2インチ（5センチ）－幅12インチ（30センチ）－長さ5フィート（150センチ）の板、メゾナイト、いくつかのチップ・ボード、50ガロン（189リットル）樽といった頑丈ながらくただった。煉瓦は良い思いつきだった。これは熱心に建物づくりに使われたが、こわされ、遊び場中に散乱した。子供たちはそれを投げあった。もっともろい素材、例えば、細長い材木、ボール箱、時計やテレビといった使い古しの家庭用品にも大いに興味が示された。

　創造的で想像力豊かな遊びのうちで、片すみで行なわれている「グループ・イマジネーション」とも呼ばれるべき遊びをみているととてもおもしろい。それが非常にうまく進行しているときには遊びのもつ重要な社会的な面がみられた。典型的な方法は、小グループで何とはなしに創造の連鎖反応が始まり、時間がたつにつれ様々の年齢の子供が加わってくる。いろんなメンバーが暗示をし、あることをやってみて、グループの承認を得たり、得なかったりする。いろんなメンバーがつぎつぎとリーダー・シップをとりながら、ある思想または行動によって次の思想や行動を暗示していくというものである。

　例えば、ある日、8歳から12歳までの少年の小グループが、1時間かかってクラブ会館を二つ建設し、2時間その会館のまわりで遊んだ。そのうちにほかの子供たちも加わって、なかに座りこんで話をし、例えばジャングルのなかにいるというような様々の状況を想像する。しまいに、自分たちの建てた会館を強烈な喜びを感じながらこわした。次に訪問したときにはすでに、まえの場所のあたりで、約8×3フィート（2.4×0.9メートル）の大きな積荷用の木枠を地面に置いて、「ペプシ運搬車」をつくっていた。木枠は、そのある部分が明らかに運搬車を暗示していた。木枠の暗示によって「ミルク運搬車」がつくられた。あらゆる種類の「レバー」、ヘッド・ランプ、車輪、座席などを完備し、細部まできれいにつくられていた。グループ・イマジネーションはそのあいだずっとつづけられ、小グループ（たいていは少年である）がだんだん大きくなり、新入りのメンバーは、古参のメンバーから指図をうけた。それからかなり長いあいだ、少年たちは運搬車を「運転」し、ミルクやペプシを配達し、「店の主人」や「主婦」と談笑し、「道路」での危険を切りぬけたりした。少年たちは、大人が日常に行なう一連の体験をすっかり実演した。

　創造的活動が最も頻繁に、最も長時間にわたって行なわれたのは、プレイハウスの背後とそのなかである。それは、囲われているという感じのせいだろう。十分な大きさの建設活動のためのスペースは、ほかの活動がすぐ近くで行なわれていても、心理的には周囲から遮断されているのである。

　どの国の少年にとっても、秘密感をもち、数人の親しい友だちとそれを分かちあうのは楽しいことである。プレイハウスの「むこうのすみ」を、遊び場の少年たちはみな知っているが、想像遊びで、そこを「秘密の場所」に変えることがまったく可能であった。子供たちは物理的

に隔てられているより，秘密感を味わいたいのである。高い場所は分離感があり，しかも，あたりを眺められるので，非常に人気がある。例えば，塔やすべり台のてっぺんは，しばしば，そのように使われた。

　研究のひとつの目標は，カブト虫あつめのような教育的活動を含む状況と，認識力による問題解決のより特殊な場合を結びつけることだった。もちろん，このようなことは創造的遊びの中にしばしば起きたが，そのよい例は建設作業中にみられた。噴水に近いところで水を使って遊ぶ方法が，長いあいだかかって考えられた。ある日，少年たちは水が欲しくなった。そして，すぐに問題を解決した。彼らは一対の古いハンドル・バーをみつけ，一方のはじを噴水に固定し，ほかのはじから水が出るようにして，欲しいところどこへでも水を導いたのである。

幼児
□ 実験の初期に，5歳以下の子供は特殊なグループであり，特殊な研究が必要であるときめられていた。その行動は，とりとめがなく，動きが遅く，せんさく好きで，ある場所に集中しやすい。プレイハウスの内外が幼児たちの大好きな「歩きまわる場」であった。理想的には，幼児のために，ごく小じんまりしたスケールの専用の場所をつくるべきことが明らかになった。全体とのかねあいのなかでのそれは，大きな戸外プレイルームのかたちをとるだろう。子供たちの活動する，非常に小さなスケールの環境を理解するのは至難のわざである。それは，大人のものとはまったくちがうのである。

　多くの行為が，想像力豊かな遊びで模倣され，プレイハウスの上に登るような，活発な活動がところどころにまじった。5歳以下の子供の場合，創造的な遊びは年うえの子供よりもはっきりした形であらわれないことが多い。それは，手短かの環境への感覚その他の特性の最初の探索である。彼らは，プレイハウスのまわりや砂場で遊んだり，あたりにある木ぎれを動かして遊ぶだけだった。

　幼児はプレイハウスに愛着をもっているが，それは次の例でよくわかる。5歳の子供たち（男子も女子も）がプレイハウスで「泥のパイ」をつくった。ところで，原料の砂は砂場から紙袋で，水は噴水から，「果物」のおがくずは「大工仕事場」から「砂糖のころも」は洗剤の古いかんからふるい落して，プレイハウスまで運ばれたのである。また，これは働きかける環境のちょっとした要素が想像力豊かな遊びにとって非常に大切なものであることを示す好例として注目すべきである。

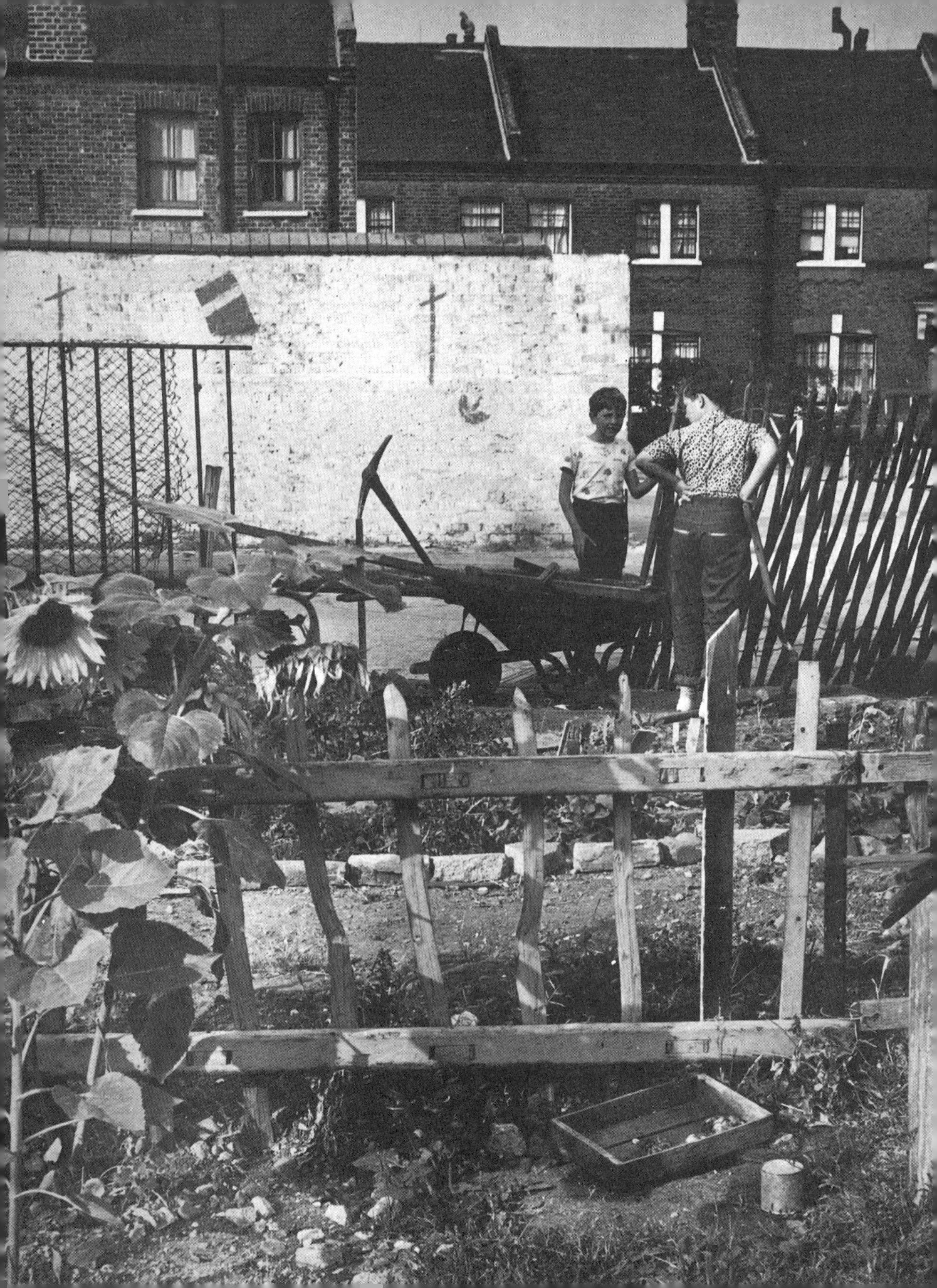

荒地，動物，菜園

生きるということは連続的な体験の流れである。前に起きたことは次につづく体験の出発点なのである。エドモンド・H・ベーコン，「都市のデザイン」

近頃では，セキセイインコとかカナリヤ以外には動物を飼うことが許されない家ですごしている子供たちが多いようである。自然との緊密で親しい接触が失われたということが，おそらく，都会の子供のうけた最大の損失であろう。どの都市にも，誰もが行ける距離に荒地をもつよう，そして，できるだけ近いところに田園の環境を確保するように努力すべきである。一方では小綺麗さを，他方では汚なさを避けることが課題であり，これは消極的な運営を意味している。小さな藪，野生の花，虫，蝶，ハリネズミなどのいる荒地は遊びや学習を誘発してくれるものである。こういうものは笑い，驚きの念，好奇心をふるい立たせてくれる。

クローリー・ニュータウンでは，そんな場所が興味深い方法で利用されている。そこはたくさんの高い樹木があり，藪と野生の動物が生息する4エーカー（1.2ヘクタール）の荒地である。それは曲がりくねった小路と境界を示すための，切り倒された栗の木の低い塀で，大きく四つのブロックに分けられている。近隣の子供たちは第1のブロックに自由に出入りして1年中好きなことをしてよいことになっている。そこで藪を刈り，家をつくり，穴を掘ったりするのである。子供たちは樹木を傷つけてはいけないことになっているが，実際，傷つけることはない。1年後に第2のブロックが開かれ，第1のブロックは閉じられる。こんな風にして最初のブロックが再び利用されるまでに，もとの自然が再生し，同じことが繰り返されるのである。

遊び場に菜園があると，子供たちに連続的で建設的な興味をもたせるのに大いに役立つ。5歳から12歳までの頃，時にはそれよりあとまでのこともあるが，子供たちはそれが食物であれ，花であれ，ペットであれ，何かを育てたいという本能的な欲求をもっているのである。法則についていろんな話がかわされる。季節，天候，土壌のタイプ，飼料についての法則は，望む成果を得るにはある法則に従わなければならないことを子供たちに教えるのに非常に役立っている。

ロンドンのパーク・ヒル冒険遊び場には長いあいだ放っておかれた約1/4エーカー（0.1ヘクタール）の造園された庭があった。そこには多年生の雑草がびっしりはびこっていた。ツル，スカンポ，ヒメカモジ草，タデ，サンシキヒルガオなどがいたるところに繁茂していたのである。遊び場開園の6カ月まえ，地元のユースクラブの助けを借りて，雑草は根こそぎされ，地面は掘り返され，平らにならされ，種がまかれた。もともと，これは老人と子供づれの母親の場としての庭園開発計画であったが，遊び場の門が開かれたあの素晴らしい4月の朝，そこに来た子供たちにはほかのアイデアが浮んだ。子供たちは，すぐに，大ざっぱに掘り返された花壇と築山にくいを打って，自分の所有地を主張しだしたのである。年うえの子供のなかには共有を望む者もいたが，年少の子供たちはみな自分の専用の菜園をもちたがった。

子供の菜園はその形態が大切である。ことに，40,50

◀ロラード冒険遊び場　▶
（今，学校がこの敷地に建設中である）

スウェーデンの遊び場の楽し気な子供たちの庭。魅力的で，通り風から守られている。
建築家：アービッド・ベンソン

人が集団で作業する場合はそうである。どこも，小路から耕せるように間口が大きく，細長くなっているのが理想的である。子供たちは熱中すると自分の足のことなどうっかり忘れてしまうので幅広い形のままだと，うしろにさがる時に隣りの菜園を踏んでしまう。パーク・ヒルでは，幅の広い花壇を真中で分け，幅が 2½ フィート（75センチ）以上にならないようにしてある。庭土を守る柵も必要である。平らなところでは，何か固定された境界が必要である。それは，単に1列の煉瓦や石でも，頑丈なコンクリート製ふち石でもよい。そうしないと，雨降りでぬかるみの日に，芝生と菜園，または小路と菜園は，子供たちの足の下でいっしょくたになってしまう。

　子供たちが自分の菜園で何を栽培するかは子供自身にまかされている。アドバイスはたずねられたときでよい。子供たちは成功からと同様，失敗からも多くのことを学ぶものである。球根植物の栽培は最も成果の大きいものである。ことに初心者には。そのうちのいくつかは買いとられる。子供たちには自分のが売れるのではげましになる。形のよいものは，地元の商店で安く売り出される季節末の余剰物として保有される。どの子供も，確実に開花する大きな球根を，少なくとも，6個はもっている。古い球根には，たくさんの葉をつけるが開花しないというがっかりさせる特性がある。

　春になると破壊行為も始まる。1966年に遊び場の門が開拓者のために開かれると，チューリップの花が開花のたびに摘みとられた。けれども，一番手に負えない破壊者は動物である。スズメはユキノハナの首を切り，クロッカスをズタズタにし，シラスを折ってしまう。野バトはチューリップをついばむ。そして，いつかは，灰色リスが口にクロッカスの球根をくわえて芝生を走りぬけるのが見られた。子供たちは小さな傷つきやすい球根植物を木立のなかに植えて，このような危険を防ごうとする。11月5日，たき火の夜のあと，子供たちは見つけられるだけの山ガラシの茎を拾い集め，それを黒い綿布でしばってひとつなぎにした防御柵で，彼らの菜園のまわりを囲んだ。

　復活祭の日には1年生植物が植えられる。さらに，もとになる種子や球根がいくらか仕入れられるが，これは，実際には，それを買う余裕のない大家族の家の子供のためにとっておかれる。大部分の子供は1包みか2包みの種子を買うゆとりがあり，物々交換が頻繁に行なわれる。ヒマワリ熱は別として，子供たちの趣味はロマンチックである。好きな植物はコスモス，クロタネ草，カスミ草といったあいまいな形状の葉をもつデリケートな植物である。ヴァージニア・ストックは少年たちのあいだで非常に人気がある。そして，その人気が美しい色によるのか，成長の速度によるのか，お金になる種子の量によるのかは決めにくいようである。

80

子供の園芸用具には問題がある。幼児のために，一番小型の移植ごてやくま手が購入される。このような道具は軽く，喧嘩に使われて危害を与えることはないが，紛失しやすい。後援者は年うえの子供が移植や除草に使う鉄製の移植ごてやくま手を数本提供してくれた。掘り返すのに必ず必要な女性サイズのガーデン・フォークには不安がある。フォークの刃が非常に鋭く，長靴や運動靴を簡単に突き通すからである。刃を鈍くするのに砥石を用いるが，その際には注意深く監督しなければならない。
　如露は（漏れるものでも，こわれてないものでも）ぜひ必要である。日照りつづきにも大雨のあとにも，子供たちは何にでも水をやる。それが自分たちどうしのこともある。
　芝生づくりに選ばれた種子は『チャイルド・プルーフ』と呼ばれるものだった。芝生刈はまったく骨の折れる労働だった。子供たちは手伝ってくれるが芝刈器はバスやレーシングカーやタンクになるので，結果は虎刈になってしまう。子供はまた，路の草取りにもむかない。ある者は，「私は今，あなたの代わりにすき返しておきました。」と言われるのを心配するようになった。というのは，砂利が土の下6インチ（15センチ）のところに埋められていて，雑草の根はそこまで達していたからである。遊び場が閉園の日曜の午後に急いで散布する除草剤に頼る傾向はますます強くなっている。
　ふち取られた大きな花壇が二つあり，そこには，子供がほしいときにいつでもわけてやれる開花期の長い，多年生植物が植えられている。この花壇では年中花を鑑賞できる。自分の菜園で子供たちは自分の育てたものを好きなように摘み取れる。子供らの花は，花ざかりのとき

　アムステルダムには，12の学校菜園がある。そこでは，5年生の子供約6,300名が自分たちの菜園づくりを学習することができる。

にみな適当なところ，例えば，お母さんのところへもっていける。

　パーク・ヒル遊び場の菜園地区には，テニス・クラブ時代の遺物である古い温室がある。それは長さ30フィート（9メートル）で，中央にドアのない出入口があり，あぶなっかしいガラス屋根がついていた。ここは，昆虫，特に蝶や蛾の飼育に申し分のない場所であった。

　温室の内部は，中央部を扉のある2フィート（60センチ）の壁で区切って二つに分けられた。こう書くと簡単な仕事のようだが，経験が乏しい者にとってはきわめてむずかしい仕事だった。2フィート（60センチ）の壁をつくるのにさえ，頑丈なコンクリート基礎が要るのである。煉瓦を積むときは，煉瓦を湿らす必要がある。さもないと，モルタルは煉瓦を接着できないのである。下げ振り糸とアルコール水準器はぜひ必要な道具である。そして，小さな請負師が家に帰るとすぐ，幼児はできたての壁から煉瓦をとりたがるのであった。

　壁の上部には強力な木枠を固定し，戸と同じように，穿孔亜鉛板を張った。それはかんたんに紙のようにナイフで切ることができたのである。3度目の大破壊のあとで，それは全面金網に張りかえられた。

　陰のない温室は，まだらの陰が必要な蝶や蛾の成育には暑すぎるものである。幸いなことに，温室の土間の床にはタデ属植物の大群落が繁茂し，前面のガラス壁に沿って成長して緑陰をつくっていた。また，壁の端の近くに桑の老木があって屋根半分をおおっていた。

　1匹の昆虫を購入したり，集めたりする前に，昆虫に与えるために，できるだけ多くのえさが準備された。えさのやれない昆虫を飼うのは無駄だからである。不思議なことに，ここには蚕のためには桑の葉があり，タナフシ虫のためにイボタノキの大きな緑の茂みがあった。菜園には「蝶の茂み」とよばれるフジウツギ属の木など，蝶の食物がたくさんあった。菜園の周辺には，イラクサ属やアザミ属の植物が繁茂していて，タテハ蝶やアカテハやクジャク蝶やヒメアカタテハなどの青虫の食物をたくさん供給してくれた。また，ここには大きな菩提樹や無数の小さなサンザシもあったが，残念ながら，ポプラの木はなかった。

　イギリスには蝶の飼育場が二つある。[31] 主なものはそこで購入された。例えば，蚕の卵やタナフシ虫や蝶のサナギや蝶の幼虫の青虫などである。子供たちは絶えず，蝶や青虫を持ち込むのだが，それがいったいどんな種類に属するのかを見分けることはきわめてむずかしいことであった。与えられたえさを食べない青虫は菜園の中に放たれた。コケ蛾，モスリン蛾，白テンなどの小さな蛾がいく組か奇妙なことに，温室のもう半分につくられた鳥小屋でみつけられた。それらはタデ属植物の茂みのなかでたくさん繁植していて，子供たちは脱皮の全過程を見ることができた。それは彼らを大いに魅了したものである。（コックス夫人記）

夏季にロンドンの公園を巡回する移動動物園

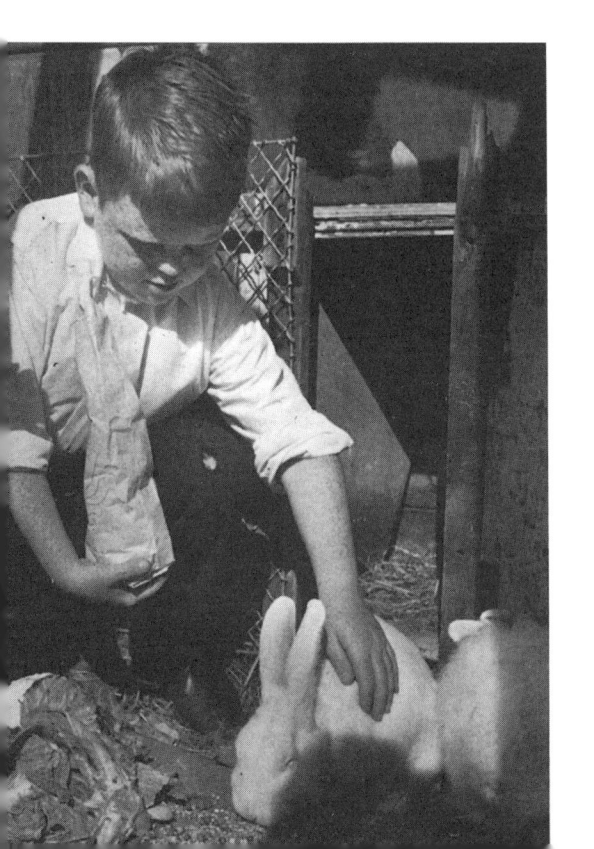

parkleken

Ⅴ　プレイパーク

人の遊びの性質はその人の芸術の質と価値を予告している。
自由は，遊びにも芸術にも，ぜひ必要なものである。
シラー

いろんなタイプの遊び場をその名称で分類するのは，おそらく，賢明ではない。というのは，あまりにたくさんの変数があり，必然的に重複するものが多い。イギリスで理解されているような冒険遊び場については前章で扱ったが，それはほかの国で違った解釈がされてよいだろう。プレイパークの解釈も様々である。ある国である種の公園を意味するものが，他の国ではまったく違った種類の公園を意味する。ここではプレイパークは，広い意味で，公共の公園のなかにつくられた遊び場をさしている。

冒険遊び場の考え方はますます広くうけ入れられてきたので，そのいろんな面がプレイパークに組み込まれているようである。それが公園のなかにある場合も，住宅地に付属している場合にもそうである。そのために，ことばに若干の混乱があるようである。

デンマーク，スウェーデン，スイス，イギリスの例から，次のような基本的な教訓が得られる。すなわち，遊び場がどんなによくデザインされていても，そこに活気をもたらす大人のリーダーがいなければ，子供たちは結局街路にもどるということである。例えば，ストックホルムの人口はリバプールより小なく，マンチェスターより多いが，そこにはプレイリーダーのいるプレイパークが127あり，そのうち62が1年中開かれている。夏のあいだ，プレイリーダーの数は300人にのぼる。

プレイパークのプレイリーダーは，遊び場での一種の主人役といえる。というのは，子供たちが楽しくやっているかどうかを見るのが彼らの仕事だからである。事実，プレイリーダーは子供や両親のカウンセラーであり，友達でもある。

ストックホルムのプレイパーク

ストックホルムのプレイパークは，ほとんど，公園の内にあるが，住宅地内のもある。そこでは完全に自由な活動が奨励されている。グループ活動や催しがいつも行なわれており，参加したい子供は誰でも歓迎される。プレイパークにくる子供は2歳から15歳くらいまでである。

プレイパークは，花灌木のはなやかな生垣や，緑色の短いとがりぐいの柵でいろんな部分に分けられている。好きなように使える起伏のある草地がいたるところにあり，いたんだところに新しい草を植え代えるのに若干の予算がとられている。1年に1，2回草刈りされ，乾草は子供たちの遊びのためにとっておかれる。

ローラーでならされた砂地やアスファルト地の，堅い乾いた場所で，多くのグループゲームや個人ゲームが行なわれる。いろんなゲーム用に描かれた円形や角の鮮かな色の線が，遊び場をはなやかにいろどっている。ブランコやすべり台は他の国より手がこんでいないが，安全性は高く，子供たちが走り回る場所から隔てられている。幼児のブランコは自動車タイヤに鎖をつけたものだったりする。そして，花が咲く刺のある灌木で，年うえの子供のブランコと隔てられている。スペースのあるところには，少年用のハーフサイズのサッカーコートがある。それは柵で囲われているが，いつでも使える。そこはまた，ネットボールやバスケットボールにも使われる。

スウェーデンの多くのプレイパークに，荒削りな木製のよじ登れるシンボリック・アニマルがある。それは，8フィート（2.4メートル）くらいかそれ以上の高さで，幼児が背中に登れるようにはしごがついていることもある。この動物は完全な形に仕上げようとはされていない。実際，これらはたいてい，園芸家や公園監視人がつくったものである。そして，建築家，そのほかの人びとに非常に重要視されている，手のこんだ費用のかかるコンクリート製のプレイ・スカルプチャーより用途にかなっている。プレイ・スカルプチャーは高価すぎるし不必要だ

◀ ストックホルムのプレイパーク

85

動かせる素材

プレイパークの基本性格は、プレイリーダーがいて、自由に貸出される多様な動かせる用具が備えられていることである。例えば、子供たちはクロッケー・セット、ゴルフ、ボックス・ホッケー、ピンポン、ジャンピング・ポール、竹馬、走り高飛び競技の装置、ボールなどを借りることができる。戸外で、気のきいたつくりのテーブルやベンチなどにすわって、チェスやチェッカーやドミノなどの、いろいろな卓上ゲームが行なわれる。また木工のできる仕事台があり、そこには職人用のような道具といらなくなった木材や釘がたっぷりある。これは非常に人気を集めている。粘土細工や絵も大いに楽しまれる。ブロックを重ねてつくった雨風をしのげる道具入れは特にすばらしいできである。ブロックは頑丈な4輪車で公園中どこへでも運ばれ、家を建てたり、即興で劇場をつくったり、その他いろんなことに使われる。動かせる用具はすべて、使用後、夕暮れどきに子供たちの手でもどされ、物置にかたづけられる。

という理由で、スウェーデンでは大分とりやめられている。スウェーデン人はその費用をプレイリーダーの月給にあてたほうがよいと考えている。

　各プレイパークに排水のよく広い砂場がある。そこには細かい砂がいっぱい入っていて、湿気を保つように水を吹きかけてある。保健所では、空気や太陽や雨のために砂はいつも新鮮で健康的な状態になっていると考えて、この使い方には反対はしない。だから砂場は、必ず、おおわれない、日あたりのよい場所にある。プレイパークに犬を入れることが許されていないのは注目すべきである。実際には、ストックホルムでは、犬はいつもつないでおかなければならない。

　プレイパークの多くにデザインよく浅い水遊びプールがある。プールが不可能なところでは子供たちは、垂直に吹き上げられ、アスファルト面に旋回しながら落ちてくる水しぶきの下を走りぬける遊びをする。水はアスファルト面の中心の排水溝に流れこむ。水遊びプールは非常に普及している。これは製作費と維持費が安く、水の使用量がごく少なくてすむからである。水遊びプールは、春には水を落してローラースケートに、冬は水を撒いてアイススケートに使われる。

子供に貸出される変化に富んだ素材▶

夏は水遊びに，春はローラースケートに，冬はアイススケートに使われるプール。

ストックホルムのプレイパークの眺め。
豊富な植込みと低い柵で
いくつかの地区に分けられている。

プレイリーダーと静かにものがたり。

児童菜園

各プレイパークには，子供菜園用に小さな場所がとってある。そこは子供たちが土を掘り返し，栽培する菜園で，低い緑の木柵で囲われている。1年生植物の開花期には，子供たちは花を摘んで小さな花束をつくり，家にもって帰ったり，病気の友だちにあげたりする。この小さな菜園は美しく華やかで，子供たちを大変楽しませてくれる。公園監察員は，菜園に良い土壌が使われているか，いつでもよく日のあたる場所にあるかを調査している。

シェルター

可能なところには必ず，何かの形でシェルターが設けられている。これは使われていない建物でもよいし，1階建連続住宅の部屋でもよいし，特にその目的のためにつくられた建物でもよい。そこには便所，プレイリーダーの部屋，動かせる用具をしまう物置がついている。さらに，多くのプレイパークには，太陽光や雨を避けるシェルターや，冬季とか，悪天候のときのために屋内の遊び場が設けられている。

特別の行事

どのプレイパークでも，土曜の午後，恒例の特別公開競技が催される。その際に，両親は試合の進行や使われる用具がその他の活動を見ることができる。毎年夏に，球技，投げなわ，竹馬乗り，ピンポン，チェスなどの選抜競技が行事に組まれる。夏の終わりに，各プレイパークで優勝チームが中央プレイパークで決勝戦をする。この日は両親や友人が招待される祭りの日である。決勝戦優勝チームに念願の鉄の王冠が授与され，それを獲得した子供たちのプレイパークに次の年まで飾っておかれる。

ストックホルム子供劇場は，夏はプレイパークを巡演する。旅興行のパンチ・アンド・ジューディ・ショウが

かかる。またマジック・マンが装飾つきの車であちらこちらの公園に現われたりする。最近では，あやつり人形劇が興行に加えられている。演劇，人形芝居，スポーツ，木工などの専門家が，ときどき，プレイパークにきて，プレイリーダーを手助けしてくれる。

5歳以下の遊び場
母親にとって非常にありがたい新しい施設は，2歳から5歳までの子供のための囲われている遊び場である。草のあるところに低い柵で囲いがつくられ，ときどき新しい場所に簡単に動かせるようになっている。

母親は1～2時間，子供をそこに遊ばせておいて，そのあいだに買物に行ったり，そのほかの仕事をしたりできる。ここは，子供たちがあまり長いあいだ放っておかれないように，昼食のあいだは閉じられる。ここでは，プレイリーダーの総管理のもとに，学生たちが子供たちの監督をつとめている。草の上に，小さなベンチとテーブル，動かせるブロック，木底の砂場，そのほかの保育用具が置かれている。両親の氏名，住所，電話番号が控えられていて，子供をつれて来た時間とつれて帰る時間が記入されるようになっている。

保険
ストックホルムのプレイパークは，柵などで囲われていない。それは年中いつでも自由に使うことができる。入口はいつも開いているが，入口の掲示にプレイリーダーのいる時間——普通午前9時から午後5時まで——が示されている。どの子供も，ストックホルムの市街地図，いろんなプレイパークの所在地，利用可能施設，特別行事の日時，管理上の注意が書かれた図入りの印刷物を両親のところへ持ち帰る。すべての遊び場の入口にヒマワリのマークがあり，動かせる用具を利用できる時間，プ

レイリーダーのいる時間が示され，15歳までの子供は誰でも歓迎されると書かれている。

ヒマワリのマークの次の言葉が記されている。「遊び道具は子供のものです。子供は自分の責任でそれを使います。」家や街路で起き得ると同程度にプレイパークでも事故が起こり得ることが両親はよく理解している。これまでのところ，保険についてはなにも問題が起きていない。ほとんどのスウェーデンの学童や就学前児童は校外での事故にたいして，両親によって年間8シリングという少額で保険がかけられている。夏のあいだに，個人の請負人が，小規模な修繕のためにプレイパークを巡回し，冬のあいだに，動かせる道具はすべて修繕のために中央の作業場へおくられる。

費用

ストックホルムのプレイパークは，徐々に発展してきた。1937年にプレイパークが開始されたとき，目標は，住民10,000人（そのうち，1歳から15歳までの子供は約2,000人）にひとつのプレイパークということだった。現在の目標は，住民5,000人（子供1,000人）につきひとつの公園に変わっている。このような大プレイパークのほかに，小プレイパークがたくさんある。どこの国の子供も，遊び場に行くのに遠い道のりを歩きたがらないものである。幼児は自分の家にごく近いところで安全に遊ぶ必要がある。5歳から10歳の子供は家から400ヤード（360メートル）以上歩きたがらないようである。

1,000人の子供に役立つ2エーカー（0.8ヘクタール）を超す程の大型の典型的なプレイパークの設計費は，高価な固定された装置をもち，柵のあるアスファルト面の公園にくらべて安あがりである。ストックホルムでの費用は，あらゆる遊びのための平地（草の部分やボールゲーム・エリア），水遊びプール，サッカーのハーフコート，リーダーの部屋や便所や物置を備えた屋内遊戯のための建物，遊具全部，草木，いけがき，柵，これらのものを含めたものである。だいたい同じくらいの費用で，ごくおなじみのアスファルト面の公園をつくると，いろんな遊び場や屋内遊戯場が動かせる用具は備えられず，草木はほぼないだろう。プレイパークの年間維持費には，2人のプレイリーダーの1年分の給料と上記のものすべての管理や新調の費用が含まれている。このようなプレイパークに1年間に10,000人の子供が訪れるとして，ひとりあたりの年間経費は約6ペンスと見積もられる。

スウェーデンの公園のプレイハウス

アムステルダムのサルファティ公園での名前のない遊び。

スウェーデンのある遊び場で使われている
建物づくりの素材。
ラルス・ホンベルグと
エバ・S・パウルソンの
設計による。

ロンドンのプレイパーク

ロンドンのプレイパークは従来「聖域」であった公園に遊びの場を伸展させるための方策であり、これは非常に成功したストックホルムの経験に教えられたところが多い。1959年に、ロンドン州議会（今の大ロンドン議会）公園課は最初のプレイパークをつくった。それはすぐ成功をおさめ、以来プレイパークは30の公園に置かれ、人気を集めている。

プレイパークは、固定的装置、水遊びプール、公衆便所のある既存の遊び場にできるだけ近いところに配置される。そのうち、約2エーカー（0.8ヘクタール）は低い木棚でいろんな部分に分けられている。絵を描いたり、模型をつくったり、チェスやチェッカーなどの卓上ゲームをしたりするための静かな場所がある。冒険エリアは小屋やほら穴づくりや、木の枝にさげられた工夫をこらしたブランコ遊びやことに頑丈な少年を喜ばせる荒っぽい活動のための場である。ほかに、チームのゲームやスポーツのための場がある。そしてもうひとつ、幼児が年うえの子供から邪魔されずに遊べるところがある。この四つの部分は、はっきり系統だって分けられているわけではないので、当然、子供たちはみな、ある場からほかへ、好きなように移動することができる。いろんな年齢のグループが、このようなあいまいな分離のおかげ

で一層楽しむことができるのである。

　プレイパークをつくると確実に，普段余り公園に行かないでいた非常に多数の子供たちを集めることができる。そのピークに300〜400人の子供が遊んでいるプレイパークもある。いろんな年齢の子供が一度に800人も訪れるのでほとんど管理できない状態になっているところもある。子供たちは，ある型の遊びからほかのものへと自由に移るのが特に好きである。例えば，組織されたゲームから個人の活動へ，さらに近くの固定装置での遊びへ，水遊びへ，木陰に静かに腰をおろしての読書へなどというように。プレイパークの最大の貢献は，おそらく，選択が自由なことにあるのである。

　プレイパークを訪れる子供の年態層は，公式的には5歳から15歳までである。52頁でとりあげたワン・オクロク・クラブは4歳以下の子供のための組織である。プレイパークは，学校のある日は午後5時30分から8時まで，休日には午前9時30分から午後6時まで，土曜日には午後1時30分から6時まで開かれている。両親たちの強い要望のために，日曜日に開かれているのもいくつかある。

リーダーと装置

建材や柱，太綱，頑丈な木枠，よしず垣，建築用の丸太や切枝，古い防水帆布，帆布，丈夫なズック地などの材料や園芸その他の道具などを使えれば，非常に多様な活動が可能になるものである。この場合，遊び場は公園のなかにあるので，そばを通る人にもある程度魅力ある場にしておかなければならない。

　普通の質のオモチャや装置は遊び場で激しく使われるのに耐えるだけの頑丈さがない。ストックホルム公園課の寛大なはからいで，そこで使われているよい素材をイギリスでもつくらせてもらい，ロンドンの公園で使用して大いに成功している。静かな活動のための，いすが固定されているスウェーデン式テーブルも，まもなく，イギリスに購入されるだろう。[32]

　多くの子供たちが絶えず何か活動できるようにするた

静かなゲームのための台と腰掛

滑走棒をすえる一方法

めには、いろいろな種類の静かなゲームのための準備も必要だが、なわとびの縄、竹馬、テント、おしゃれ用の衣装箱などといったものも必要である。緊急な時の供給にも支障がないように、装置をしまったり、必要なら修繕したりする大きな物置も必要である。

ロンドンのいくつかのプレイパークには、児童菜園が設けられ、そこで、たいてい9歳から13歳ぐらいまでの子供が楽しんでいる。

冒険遊び場とちがって、プレイパークは開園時間が学校のない時間と一致していて、リーダーはたいてい、教職者から募られる。美術家、音楽家、サラリーマン、主婦のこともある。リーダーと助手のほかに、リーダーになるための訓練生部門が設けられている。訓練生は1年後に必要な資質があると認められれば、リーダーの助手に昇格する。素質があれば、最後には、副リーダーやリーダーになることができる。大人のリーダーがいるおかげで、子供たちが借り出して自由に使える素材は、非常に変化に富んだものになっている。リーダーと助手は、即興ゲーム、芝居、そのほかのグループ活動の準備を助

プレイパークは，その考え方が冒険遊び場に非常に似てきている。

けたりもする。ここではまったく自由に活動するように仕向けられている。

　このプレイパークがいろんな年齢の多数の子供を強くひきよせるのはいったいなぜだろうか。おそらくそれは公園のほかの部分と柵で分けられた広い場所が自分たちのために確保されているからだろう。子供たち自身は感じていないかもしれないが，きまりきった遊びの型にはめないで，子供の興味に従って遊びをすすめていく才能のある理想的なプレイリーダーや助手がいることも，子供たちがプレイパークに集まる理由であろうと思われる。「プレイリーダーのための留意事項」[33]で指摘されているように，「子供たちの欲求が厳格な規律を守ることよりも大切なのである。」子供たちは近隣コミュニティ意識をプレイパークのなかに持ちこむことが多く，それはリーダーによってはぐくまれるのである。

組織

プレイパーク設置を担当しているのは，大ロンドン州議会の公園課である。その運営に関しては，公園課長の総合管理のもとに，プレイリーダー協会によって行なわれている。プレイリーダー協会の仕事は，職員の人選や訓練や管理をしたり，装置を配置したり，必ず起きる数多くの問題解決のセンターになることである。また，利用できるような敷地がある場合には，新しいプレイパークの計画や新しい装置の開発にもたずさわっている。

ナンイートンのプレイパーク

キャンプ・ヒルは魅力的で，いかにも公園むきの土地に設けられた広々とした遊び場である。その著しい特徴はまぎれもなく，二つの小高い丘にある。丘は，遊び場のほかのところから出た廃物を利用してその形や構造がつくられている。この築山はひとつは21フィート（6.3メートル），もうひとつは15フィート（4.5メートル）の高さがある。子供の登り降りする激しい消耗に耐え，同時に1年中使用されていても一定の形を保たなければならないので，丘の表面を硬い材料でおおう必要があった。丘の表面におかれた金網の上へセメント混合物が3インチ（7.5センチ）の厚さに高圧で吹き付けられた。[34] 二つの丘を結ぶ80フィート（24メートル）の空中ケーブル用のパイプ支柱は，築山のなかにグランドレベルまで埋め込まれ，丘の土に支えられているのである。子供たちはブランコに乗ってケーブルをすべりおりる。それから，ブランコを自動装置で頂上まで返すことができる。ステンレス製すべり台は丘の起伏に沿って特別にデザインされたものである。[35]

深さ2フィート（60センチ）の砂場は低い壁で囲まれている。それはその上に腰掛けることもでき，砂が吹き飛ばされるのを防ぐことにも役立っている。砂場は水遊びプールにごく近いところに配置されている。プールは，中心部の深さ18インチ（46センチ）周辺部の深さ6インチ（15センチ）である。この地方には魚釣の伝統が強いので，キャンプ・ヒルの楽しい特徴として，親子が，ひとりあるいは一緒に，この独特の趣味を楽しめるように細長い池と水辺の散歩道が設けられた。当然ながら，遊び場のほかの部分を完全に利用するには，専任のプレイリーダーが必要になるだろう。

この企画の経費は，便所と浄水場を含めて，1966年に，28,000ポンドであった。

造園家：メアリィ・ミッチェル，造園学会会員

水辺の散歩道——魚釣

二つの人工の丘の間にかかる空中ケーブル

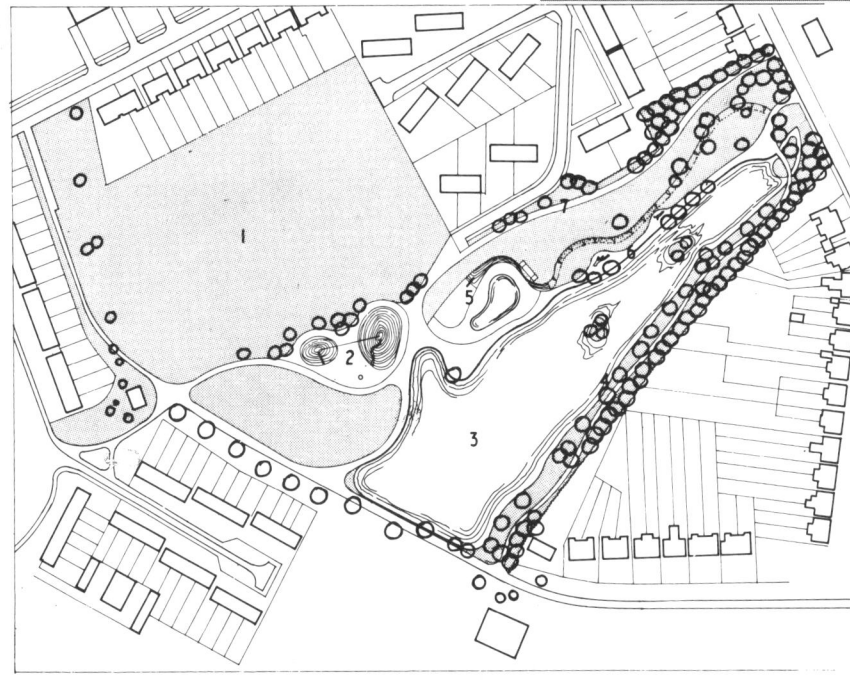

キャンプ・ヒル・プレイグラウンド
凡例
1 原っぱ
2 子供の遊び場
3 池
4 魚釣人の散歩道
5 遊び場
6 水辺の散歩道
7 自転車道路

砂場と水遊びプール，ナンイートン

ボーンホルムのプレイパーク

デンマークのボーンホルム島にブレーデスガードと呼ばれる魅力的な「冒険公園」があり，そこで家族そろって一日を過すことができる。それは13エーカー（5.2ヘクタール）もの広さがあり，E・イプセンというひとりの農夫によって創設された。彼はただ，人びとの幸せそうな様子を見るのが好きだったからこれをつくったのである。彼は起伏のある森に囲まれた牧歌的な公園をつくった。この公園でユニークな点は，一度ごく少額の入場料を払えば娯楽設備は誰でも自由に使え，また，機械を使うものはみなお客が操作できるので管理人はいらないという点である。

　古い池は芝生や大きな樹木で囲まれ，オールがオールうけに固定された，誰にでも安全に使えるボートが20隻ある。中の小島へ舟旅をし，上陸して，探険したりできる。池を横ぎって，空中ケーブルが張られ，その下に安全網がある。これは，若い人にも，年配の人にも好まれる呼び物のひとつである。馬車と後足で立つ馬の，旧式なメリーゴーラウンドがある。エンジンは取り除かれてはいるが，元気のいい少年なら簡単に回転させられる。舗装された円形の部分には，脚の力で素早く動かせる自動車がたくさんある。木製の2人乗りソリを，滑走装置のある丘の頂上まで運んで，すべり降りてくることができる。

　公園のいたるところに，鹿，野生の豚，猿，孔雀などの動物がおり，池には白鳥やあひるがいる。家族は値段の安い，無免許のレストランに集まる。そこでは週2回ダンスパーティが催される。おじいさん，おばあさんはコーヒーをすすり，若者のカップルは一杯のソーダ水を

一緒にのみ、子供たちは、音楽がやんでいるときに、ダンスフロアで遊ぶのである。多くの子供たちはブレーデスガードへ出かけるのを何よりも楽しいことと考えている。入場料以外はたくさんの装置がすべて無料であるというのはほんとうに信じられないようなことである。

機械装置は公園に付属した作業場で製造されている。開園のあいだ中、乱暴にとり扱われるので、機械装置類は頑丈なつくりでなければならない。来園者に対しては、ただ次のような注意があるだけである。「オモチャはあなたにまかされています。こわさないでください。どんなに頑丈なものでも粉々になることもあるのです。ほかのボートと衝突しないように、またひっかからないように手に注意してください。岸につかないうちにボートからとび出してはいけません。ボートの利用は15分間だけということを忘れないでください。」

毎年、約150,000人がこの人気のある公園を訪れる。そのほとんどは学童である。

凡例
1 キオスク
2 レストラン
3 集会場
4 猿のおり
5 遊び場
6 幼児のためのてすりのある道
7 ボート
8 滝
9 池の上にかかる空中ケーブル
10 展望台
11 鹿の囲い
12 猪
13 金魚の池
14 小川の橋
15 広い芝生
16 非公開の農家
17 便所

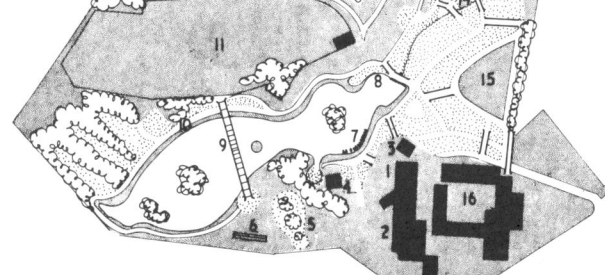

ブレーデスガード・ヘイブン（ボーンホルム・プレイパーク）▶

ニューヨークのプレイパーク

ニューヨークのセントラルパークにある，エステ・アンド・ジョゼフ・ローデル・プレイグラウンドは，建築家，リチャード・ダトナー氏によってデザインされた。それは，アスファルトとコンクリート製の，既存の伝統的な公園の敷地につくられ，1967年5月に開園された。これは将来の計画のためのプロトタイプであり，子供がこれをどのように利用するかについて注意深く分析するための実験的なものである。そして，それは同時に管理者を養成するための場でもある。この公園についての以下の説明文はダトナー氏の資料に基づいている。

この公園には，様々なスペースがあり，それぞれは個性的でしかも相互に関連をもっている。既存の樹木は，幼児の遊び場の境界を明示するために注意深く保存された。

周辺の壁はほとんど連続していて，はじからはじまでその上を歩くことができる。この壁は，親たちがよちよち歩きの子供を主な遊び場に入るのを思いとどまらせ，壁の外にある遊び場でとどめておくのに役立っている。壁の外にいれば母親は子供たちを見張ることが容易である。

ロング・アイランドの海辺から運ばれ，ふるいにかけられた砂が，身体活動のための施設のまわりに敷かれている。固定された砂利は建設のための理想的な土台であり，それ自体が良質の建材なので，子供たちの建設用地に用いられる。(固定された砂利は，砂と粘土の混合物で，雨のあとに泥になることも，乾季にほこりになることもない。)壁の外側は，ローラースケートや三輪車やうば車のためにアスファルトで舗装されている。

公園の北端にある水しぶきプールは円形劇場になるコンクリートの階段で囲まれている。そこは，プールがからのときに，物語や演劇的なイベントやほかのタイプの遊びにも使うことができる。プールから流れ出す水は，浅い水路を通って，連続した浅いプールと島のところで排水される。水路は小舟や棒きれを浮かべる流れにもなる。水路の末端の近くに，ピラミッド形のクライミングルーフがあり，そのなかは冒険遊びの道具類をしまう物置になっている。子供たちは屋根を登って，幅の広いすべり台にたどりつき，砂地へとすべり降りる。

ピラミッドのところから始まる，高さの不揃いな木柵が，二つの樹の家の周辺地区を区切っている。支柱の樹の幹は，公園課で毎年行なわれる枯木整理の際のもので

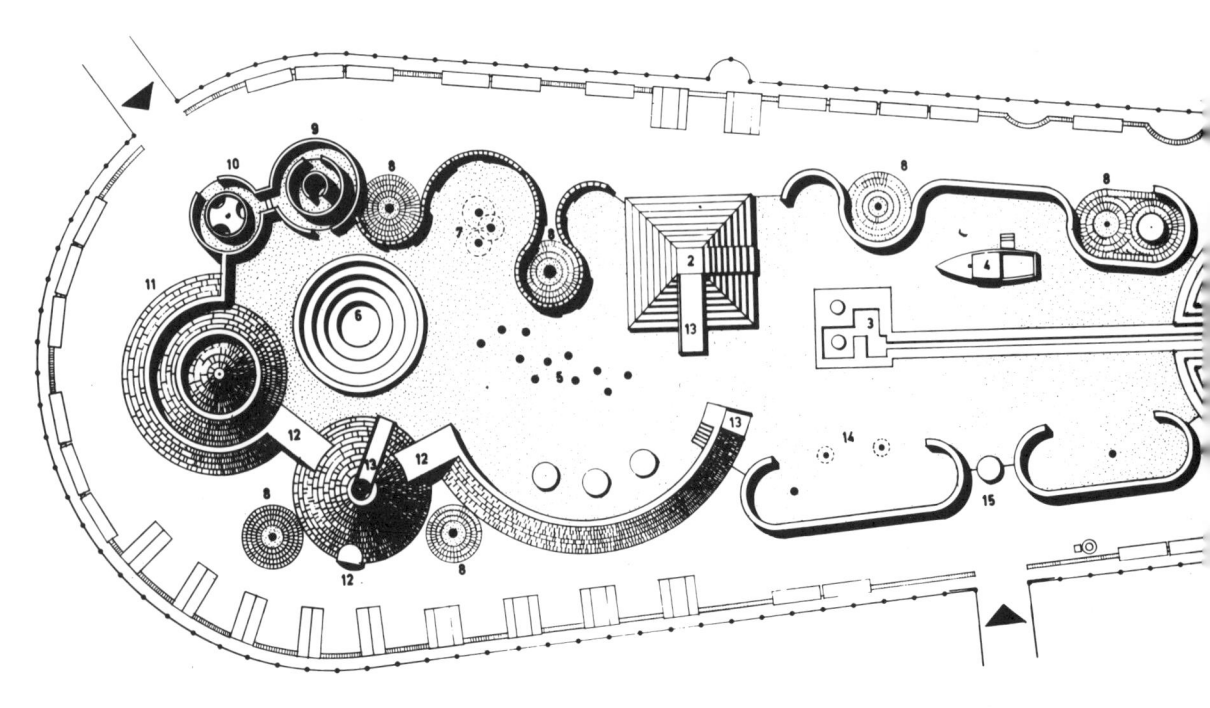

ある。樹皮がむかれ，現在のところにたてられた。樹の家は様々の年齢層の子供が使えるようにデザインされている。低いほうの樹の家へは誰でも簡単にあがれるが，高いほうへは，はしごの1段目にとどく，年うえの子供しか登れないのである。

　樹の家のとなりには，同心円を描いている，コンクリート要塞壁の迷路や，頂上に公園旗のひるがえっているエントランスタワーがある。

　次にあるのは，いくつかの同心円の小山による噴火口のような装置である。これは幼児のためには日光や風よけのある遊び場であり，年うえの子供たちにはよじ登ってみようとする場になる。この小山は，トンネルで花崗岩ブロックでできた火山型の小山につながっている。そこへは中央の竪穴を通ったり，曲った斜路や側壁を登って行くことができる。火山の頂上からすべり台をすべり降りると，赤い色の木でできたクライミング・ポールの並んだところにつく。クライミング・ポールは一連の画架としても使うことができる。また，三日月形のひな段に観客を座らせて行なう演劇上演の背景幕としても利用できる。

**エステ・アンド・ジョゼフ・ローデル
プレイグラウンド，ニューヨーク**

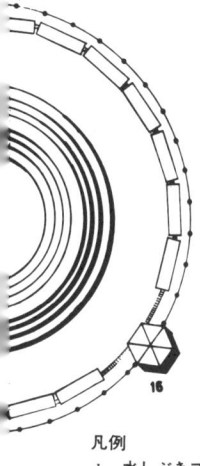

凡例
1　水しぶきプール
2　クライミング・ルーフ
3　水路
4　ボート
5　クライミング・ポール
6　小劇場
7　樹の家
8　トリー・ピット
9　要塞
10　エントランスタワー
11　小山のなかの小山
12　トンネル
13　すべり台
14　カルゴネット
15　入口
16　ポンプ小屋

水しぶきプール

クライミング・ポールの北側のあたりは，子供たちの建設作業の場にあてられている。そこでは，ピラミッド形の物置にしまっておかれた，モジュール合板パネル，木のブロック，ロープなどの冒険遊びの道具が活用される。レクリエーションディレクターがこのような素材の使い方を管理している。

　それぞれの場所には，いろんな遊びの可能性がたくさんあり，子供たちは自分流のやり方を選び自分の活動を創り出すことができる。というのは，その環境が非常に多様な働きかけに対して適応性があるからである。費用は約85,000ドルであった。

　子供たちが公園をどう利用しているかについて，ダトナー氏は長時間費やして観察している。この2年から5年のあいだの観察では，子供たちが最も興味をもつのは水路であるように思われた。水路のところで，子供たちは走ったり，水しぶきをあげたり，棒きれや小舟を浮かべたり，そこから砂に混ぜあわせる水を運んだりする。一方，幼児は，まわりで起きている活動の大渦巻には明らかに無関心で，ただ，砂のなかに座りこんで砂を掘っているだけである。

　5歳から15歳ぐらいまでの子供がすきなのは木製ピラミッドである。そこには，2，3人の子供が同時にすべれる幅広いすべり台がついている。

　子供の注意がある活動から別の活動へと移るようになっているので，ここにある装置はすべて，大いに活用されている。公園を利用する子供の人数は驚くほど多い。典型的なウィークエンドには，300〜400人の子供が利用する。子供たちのほかに，同伴の母親，それから父親やかなり多くの見物人も入っている。ウィークデーには2,30マイル（32〜48キロメートル）離れた学校から，スクールバスでクラス単位の生徒たちがやってくる。地元の学校からも，低学年の生徒が歩いてやってくる。

　ダトナー氏は次のように述べている。「現在，この公園が，情緒不安定児や聾児の集団によって定期的に利用されていることは非常に興味深い。彼らはほかの子供たちと同じ種類の活動が好きで，そのそばで何の支障もなく遊んでいるようである。」

　　　　このプレイパークは，美しい樹木のために，
　　　　ますます魅力的である

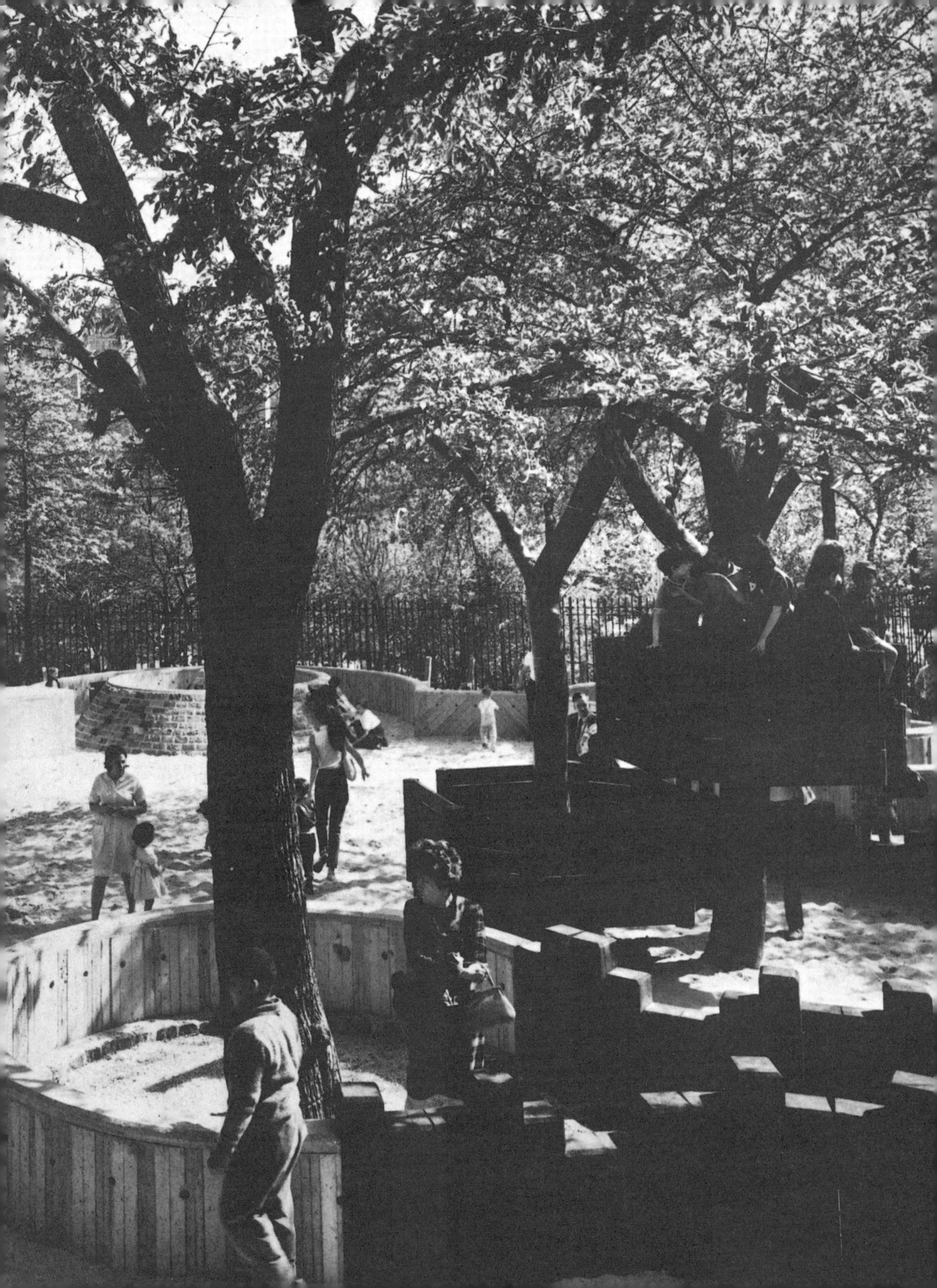

さえない「手入れされていない」場所（写真上）が、「綺麗なポケット公園」に変わり、名前のない遊びの場になっている。(写真下)フィラデルフィア市、ペンシルバニア州、アメリカ

VI 近隣公園

生きていれば，必ず，ある危険が伴う。
生々と生きようとすればするほど，危険も多くなる。
イプセン

都市や大きな街では，隣り近所の人びとが集まり，安らかな環境でくつろげるように，緑のある，静かで快適な場所を創りだすチャンスをできる限り利用する必要がある。このようなオアシスは，小さな，ちょっとした憩いの場になり，買物客はしばらく足を休めることができるし，母親は幼児を交通の激しい雑踏から隔離しておくことができるだろう。もっとスペースがある場合には，より吟味された広い休息の場をつくることができる。例えば，学校用地については，これまでよりももっと想像力豊かな利用方法が考えられるべきである。

そんな方法によって，学校やコミュニティからは，貴重なスペースが分けてもらえるし，そうすることによって学校やコミュニティは，視覚的にも実際的にも，欠くことのできないものになるはずである。

建設業者のつくる学校の塀や金網の柵は，学校当局の作りだす壁と比べれば，ないに等しいものである。校門は夕方や夏休みの間は，ほとんど子供たちを閉め出してしまうのである。学校が開かれていないときには運動場が閉鎖されるというのがイギリスでの一般的な規則である。このような堂々とした施設の浪費に対しては，工業施設が年間の大部分閉鎖され，使われないときに当然起きるような強い抗議が起きていいはずである。計画の初期の段階から，施設を二重に利用するプランをたて，巧みにデザインすれば，一見困難に思えることも確実に克服できるだろう。それは，スイスでみごとに実証されている。校舎そのものについては，いろいろな配慮と多くのすぐれた技術が注がれているのに，外部の環境については，あまり想像力に富んだ考えがみられない。こうした想像力の豊かなものの進歩をはばむのは，多くの国々にみられる厳格な規定である。イギリスでは，1959年に制定された学校設置規定によって，子供ひとりあたり，一定の面積の舗装面が必要だとされている。そしてそれは，現在ほとんど実施されていない体操のためのものである。この「必須の」規定にかなっていれば，必要なことはすべて満足していると考える建築家が多いのである。ある女校長が言っていることだが「取っ組み合ったり，倒れたりする以外には何もすることのない運動場に子供たちを入れておきながら，教室で，創造的な生活をすることを教えることはばかげたことである。」バンクーバーの教育委員会は，運動場には何の装置がなくてもよいと決定している。それは，事故と，親たちによる傷害訴訟を恐れるからなのである。このような姿勢は，何もバンクーバーに限ったものではない。イギリスでは，放課後に学校構内を利用させることをためらっているし，他のいくつかの地域でも別の時代錯誤の現象がみられる。つまり，14歳以上の子供の組織活動のためには，構内は解放され，教員や助手は手当が支給される。しかし，14歳以下の子供たちなら，使用料を支払わなければならず，教員も助手も無償で時間と労力を奉仕しなければならないとする規定である。学校規定は，今日おそらく，もっと新しい現代的な姿に変更すべき時期にきているのであろう。

空間を二重に利用する方法については，リチャード・G・スタイン氏による興味深い提案がある。それは，構内にいろんな小区分をつくって，学校の遊び場の利用を増すという，新しい試みである（106～7頁）。バスケットボールやハンドボールなどの球技のためのコートをつくり，敷地の他の部分はパーゴラで区分している。パーゴラは緑陰をつくり，狭いスペースを広く見せている。樹や草のある場所では空が開けている。隣り近所の人びとも，本来の利用者である学校も，天気の良い日には屋外教室にしたり，昼食をとったり，好きなところを自由に利用することができる。夜間照明は利用価値をさらに大きいものにしている。この企画が，昼夜を問わず，いろんな年齢層の人びとに役立ち，コミュニティのためになるようにというのが，スタイン氏の希望なのである。

この遊び場は，ニューヨーク市，クィーンズ区の第33パブリックスクールに付属している。

ニューヨーク市，クィーンズ区の第33パブリックスクールに隣接している遊び場

建築家：リチャード・G
スタイン事務所

凡例
A おおわれていない遊び場
1 舗装された遊び場
2 パドルテニス
3 ハンドボール
4 バスケットボール
5 バレーボール
B パーゴラでおおわれた遊び場
6 木陰のベンチ
7 ぶどうの木の下のベンチ
8 弁当やゲームのためのテーブル
9 休憩所
10 ペイブメント・ゲーム
11 玉つき台
12 蹄鉄投げ遊び
13 ポッシー
14 ブランコ
15 彫刻
16 幼児の遊び場
a ベンチ
b プレイ・キュービクル
c 階段式小劇場
d 水遊び場
e 階段ピラミッド噴水
f ピラミッドすべり台
g 砂遊び場

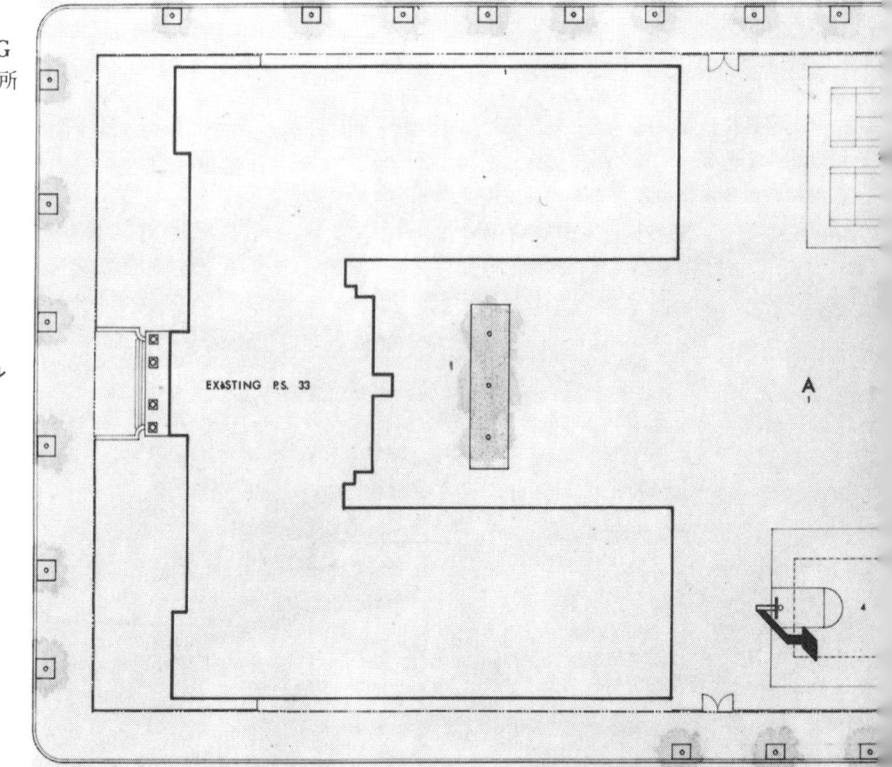

ニューヨーク市ステイトン・アイランドの第55パブリックスクールに隣接する遊び場

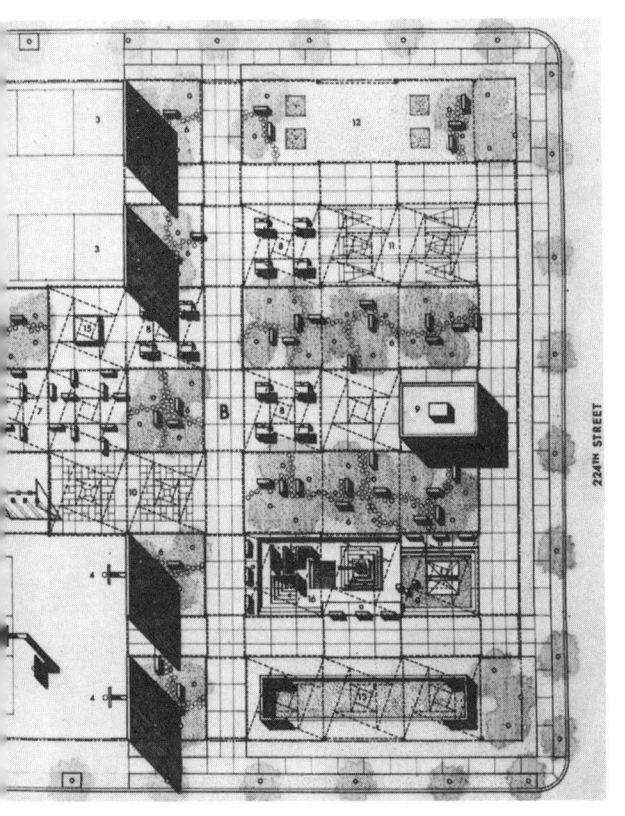

スタイン氏によってデザインされた，もうひとつの学校運動場では，そこにあった数本の大きなカシの木立が残され，プランに組み入れられている。厳密に幾何学的な寸法の煉瓦やコンクリートのテラスが木立のあいだに配置されている。そうしてできたテラスは，実際には独立の広場であり，それぞれが腰かけるエリアとか，名前のない遊びのエリアなどというように専用の活動を受けもっている。テラスにあるコンクリートのテーブルは，ゲームをしたり，弁当を食べたり，勉強したりするときに利用される。遊び場と校舎は長い台形をした1街区を全部占めている。まわりは新築の1戸建て木造家屋で囲まれており，これは，全体構想の一部としてデザインされたものである。この地区は境界を鉄柵で囲んでいる。ベンチ，街灯，壁，階段式劇場，小路の灯，旗ざお台，テーブル，よじ登るための装置といった設備はすべて，全体を統一するために，コンクリートだけを使ってデザインされている。この企画は，コンスタンチーノ・ニボラ氏製作の，一群のコンクリート彫刻が入って完成する予定である。

ニューヨーク市公園課は，最近，平凡なという意味での「標準的」デザインの装置のかわりに，より楽しい遊びの機会を設けるという自分らの仕事をもっとよく理解させるのに意義のある手段をとっている。

107

ヤコブ・リース住宅地，マンハッタン
マンハッタンのロウアー・イースト・サイドのヤコブ・リース住宅地の中央モール風景。ここは，鎖の柵で囲まれていて，8,000人の居住者はへりにベンチのある遊歩道しか利用できず，芝生に入れなかった。

写真のような，小じんまりとしたアルコーブは，はじめ，老人のためにつくられたのだが，彼らはもっと賑やかなところを好むのである。ティーンエイジャーはこんなところにひきこもるのが好きである。

モールは今では，腰かけたり，跳びはねたり，歩いたり，走ったり，登ったりするためのものがいっぱいあつめられている。柵はしぶきをあげ波立つ水に代わった。もとの場をいくつかの戸外の部屋に分割し，階段式劇場をつくったときの残材で，ある部分を数段持ちあげ，味気ない単調さを破っている。大きくなったサイカモアカエデはそのまま残されている。

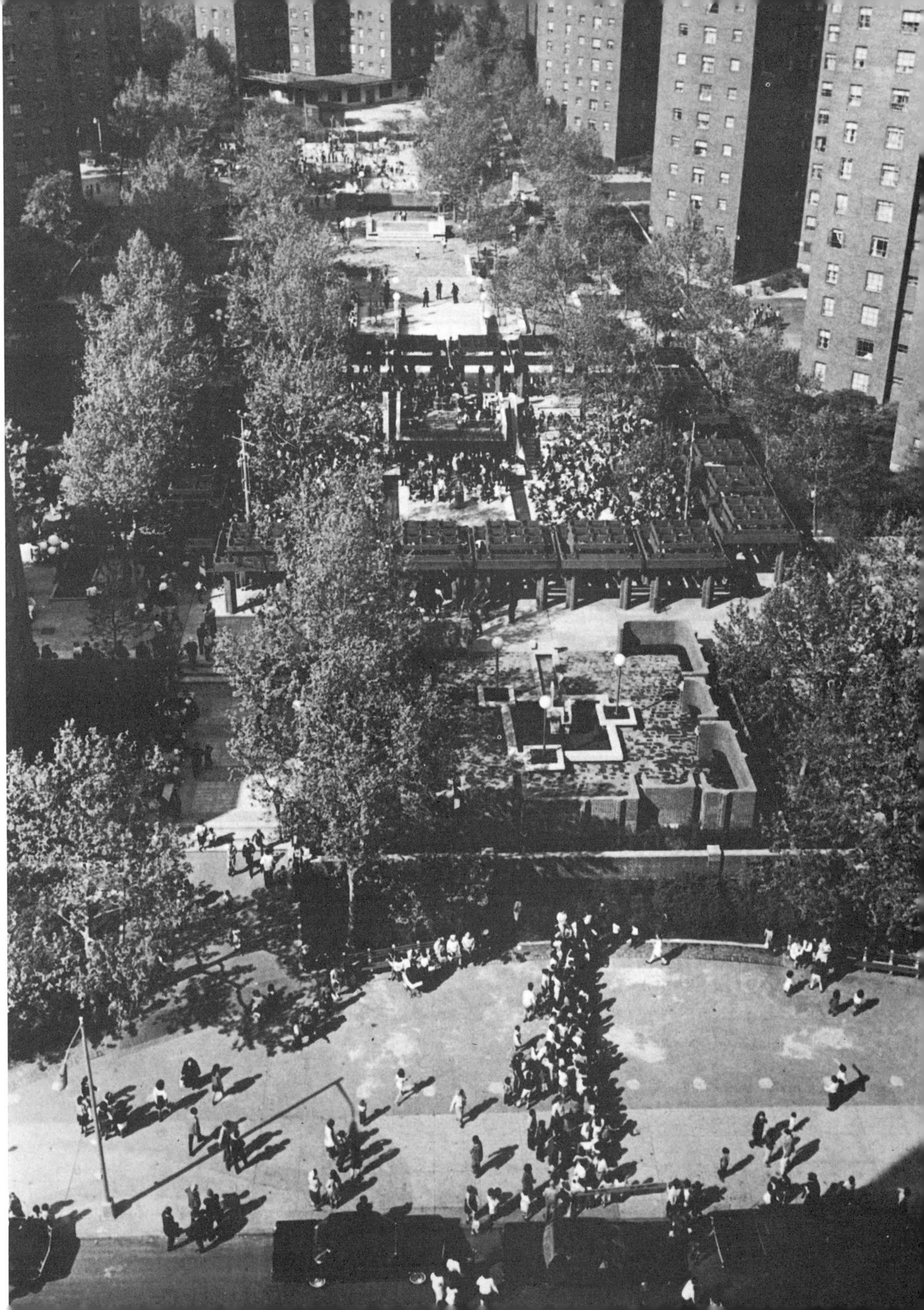

広場の中央に，彫刻のほどこされた噴水がある。水は，そこから水路を通って，階段式劇場へ流れこんでいる。

1,000人を収容する階段式劇場には，照明と音響の装置があり，ほとんどあらゆる催しを行なう設備がある。公的な催しに使われないときには，家族のピクニックやゲームの場になったり，ちょっと腰をおろす場になったりする。ここは，きわめて適応性のある場になっている。

北側のはじの遊び場は，ひどく熱狂的な活動，つまり，「子供らが，すべてのものが明日は消え去るかのように遊ぶ」場である。

建築家：ポメランスとブラインズ
造園家：M・パウロ・フリードベルク事務所
敷　地：122,000平方フィート（1.13ヘクタール）
費　用：900,000ドル（ヴィンセント・アスター基金からの補助金）

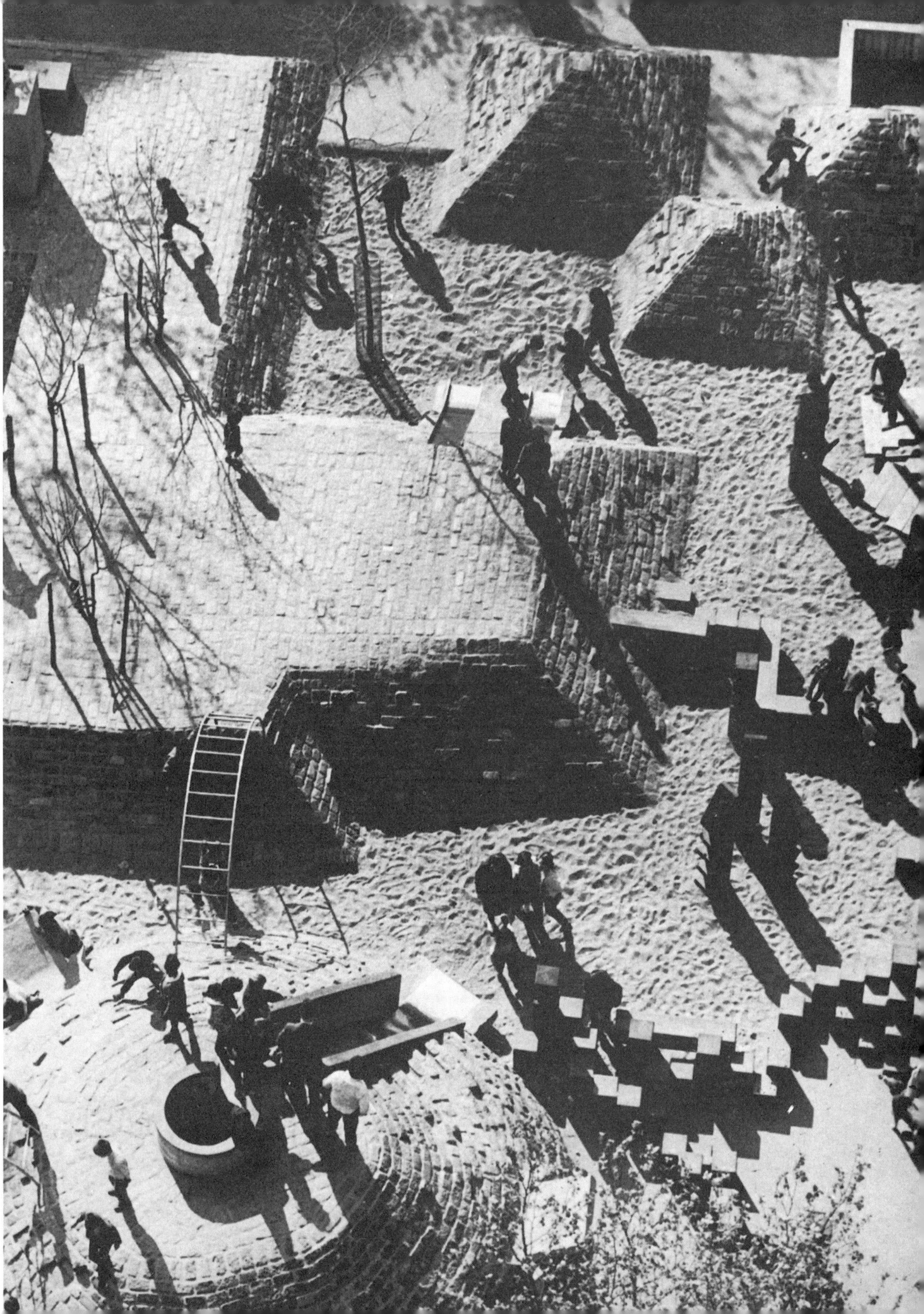

ジョージ・ワシントン・カーバー住宅開発，ハーレム
ハーレムのジョージ・ワシントン・カーバー住宅開発で，1958年に建てられた公共住居のさえない茶色を緩和するのに多くのことがなされた。

コンクリートやアスファルトや柵で囲われた芝生などによるわびしい風景は，居住者が心を魅かれるような計画に代えられた。

この計画には，遊び場，休憩所，戸外の催しのための階段式劇場が含まれている。

造園家の，フリードベルク氏は，伝統的な広場や公園の性格を，丈夫で，魅力的な素材で表現しようとしたと言っている。

建築家：ポメランスとブラインズ
造園家：M・パウロ・フリードベルク事務所

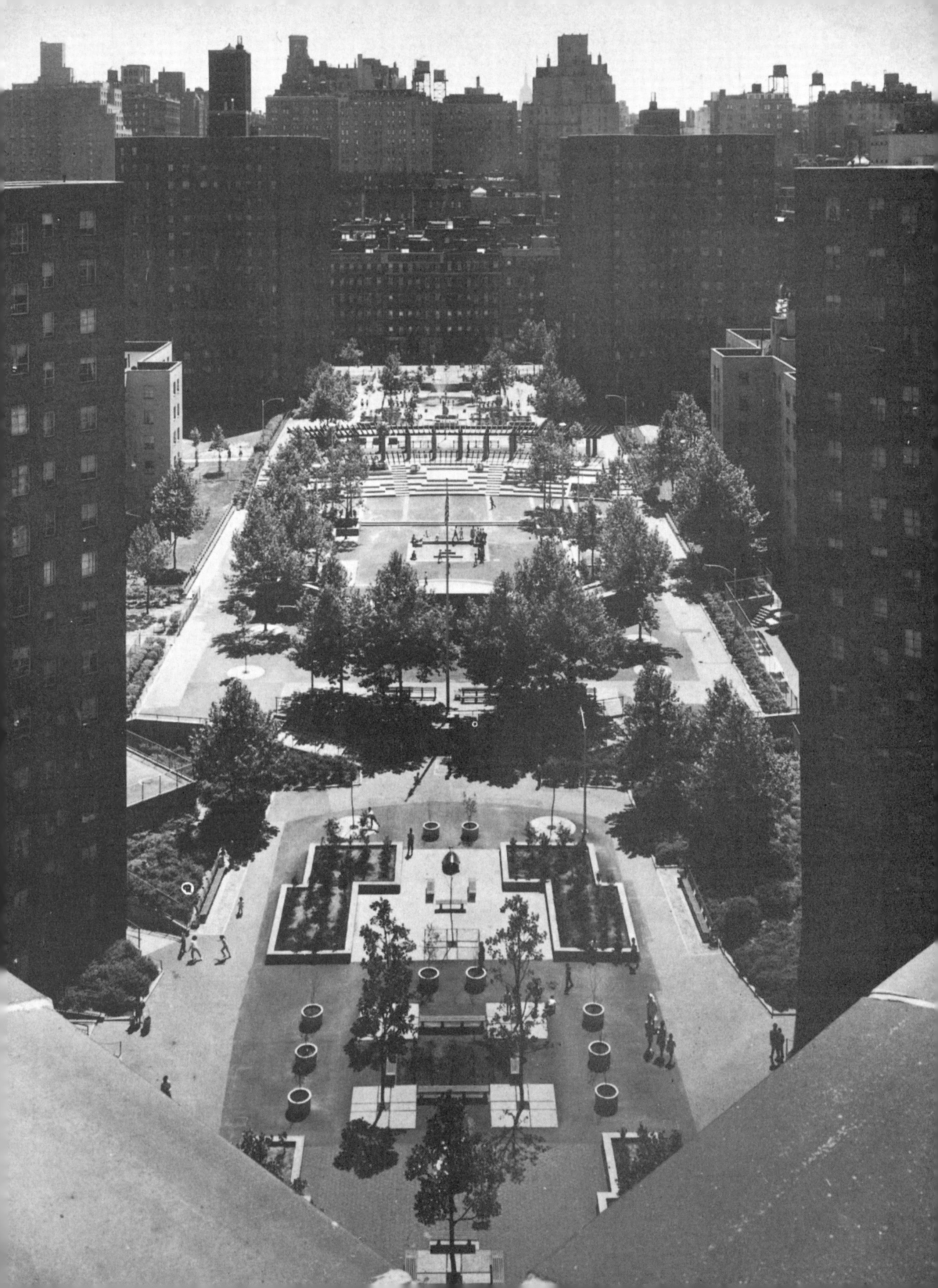

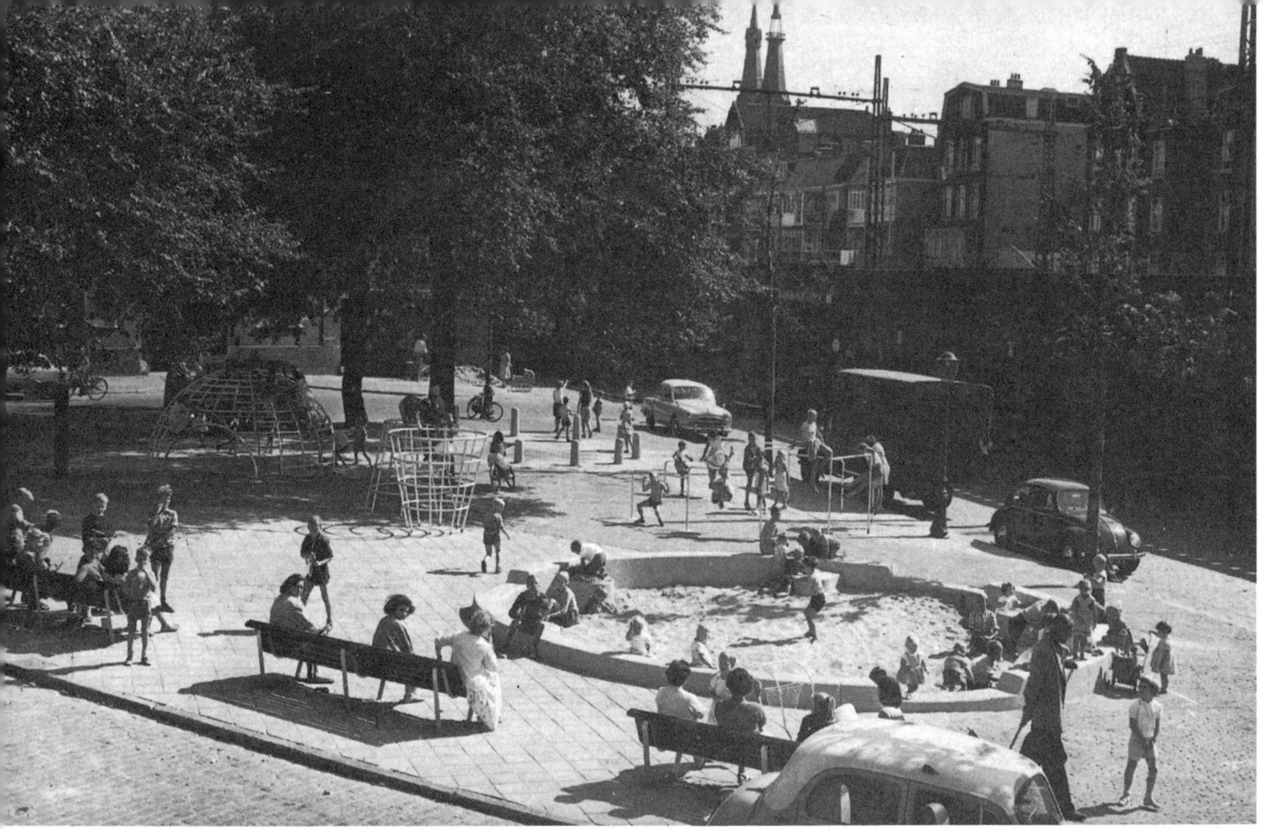

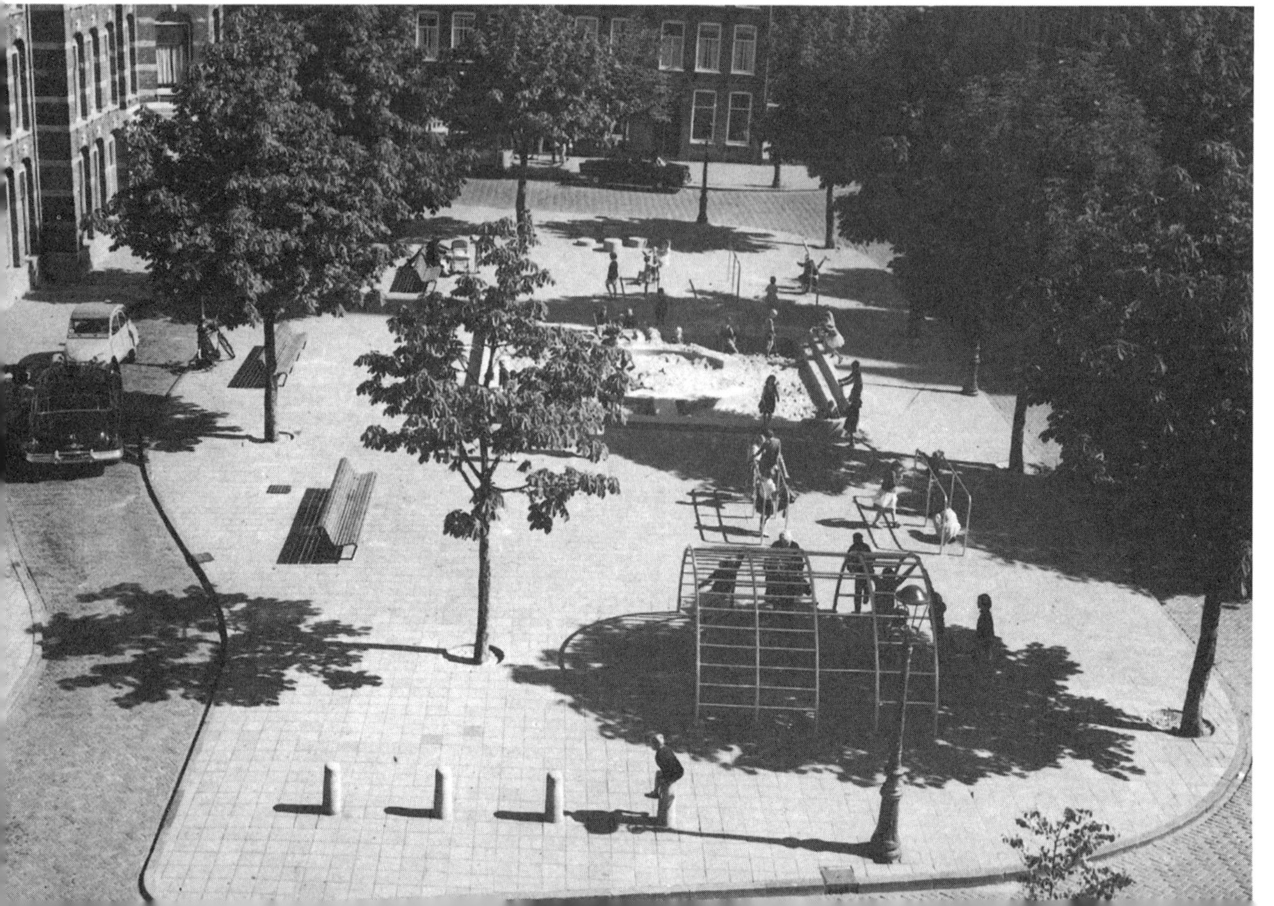

この20年間に、アムステルダムでは、年少の子供のために、非常にたくさんの遊び場がつくられた。公共のポケットスペースは、ことに古い市街地では、利用できる限り完全に利用されている。どの遊び場にも大きな、砂遊び場がある。砂の質は定期的に検査され、必要に応じて取り替えられる。

アムステルダムの貧しい人の住区であるベランプレンの人気のある水遊びプールは三角形の土地を十分に活用している。植えられているたくさんの苗木は、成長すれば、ここを守り、外と隔てるものになるだろう。

臨時の遊び場になる空地
◀ニューヨーク，ブルックリン区の見すてられていた土地が譲りうけられ，遊び場に変えられた。
　仕事は近隣の人びとの手で行なわれた。いろんな年齢層の子供がやってきて，砂をシャベルで掘り返したり，色を塗ったり，掃除をしたり，走り使いをした。
　装置は頑丈なもので，維持しやすく，既製装置は使われていない。

ニューヨーク市29番街の都市遊び場

　その場所にあった2本の枯木の切株は、樹の家の支柱になった。使い古しの材木を使って、腰掛、ジャンピングブロック、砂箱がつくられた。
　デザインが複雑でなく、参加者が多かったので、仕事は1カ月で完了した。

造園家：M・パウロ・フリードベルク事務所

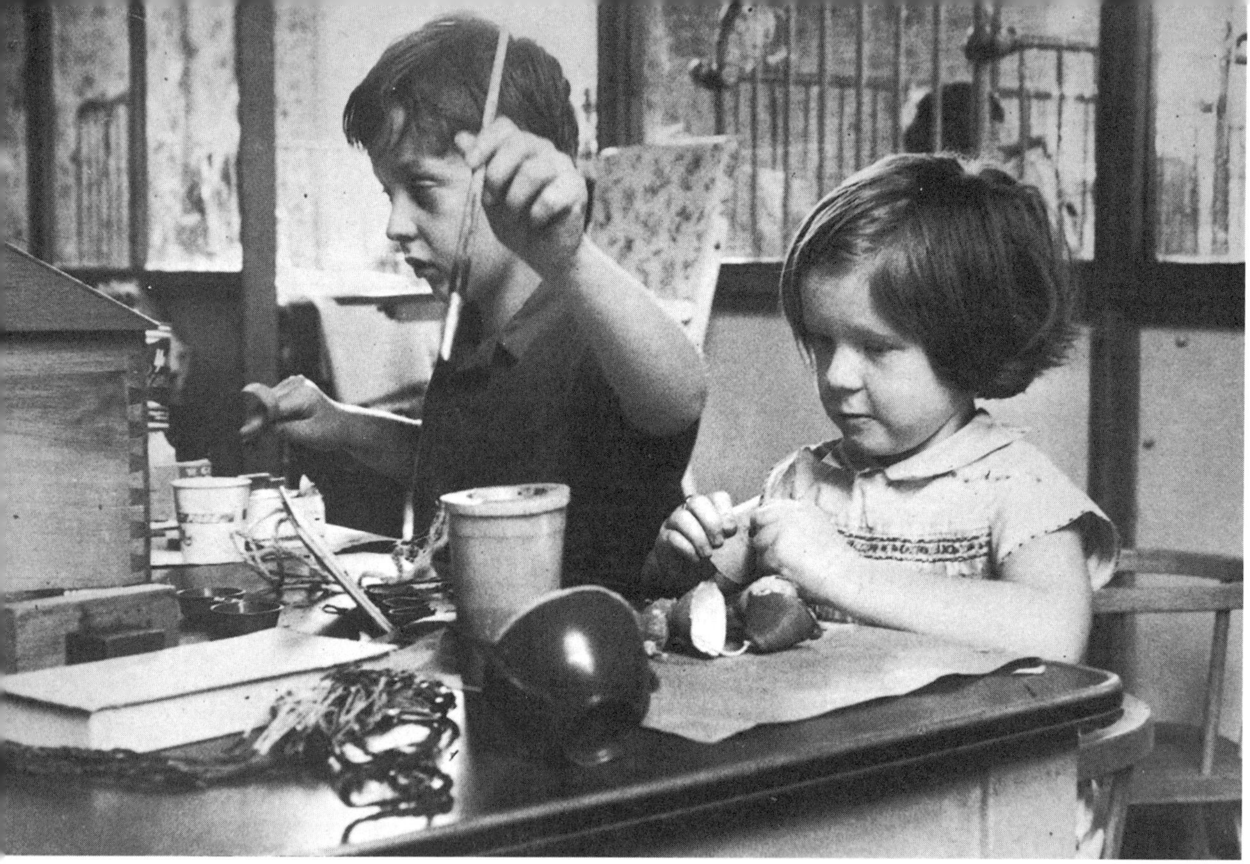

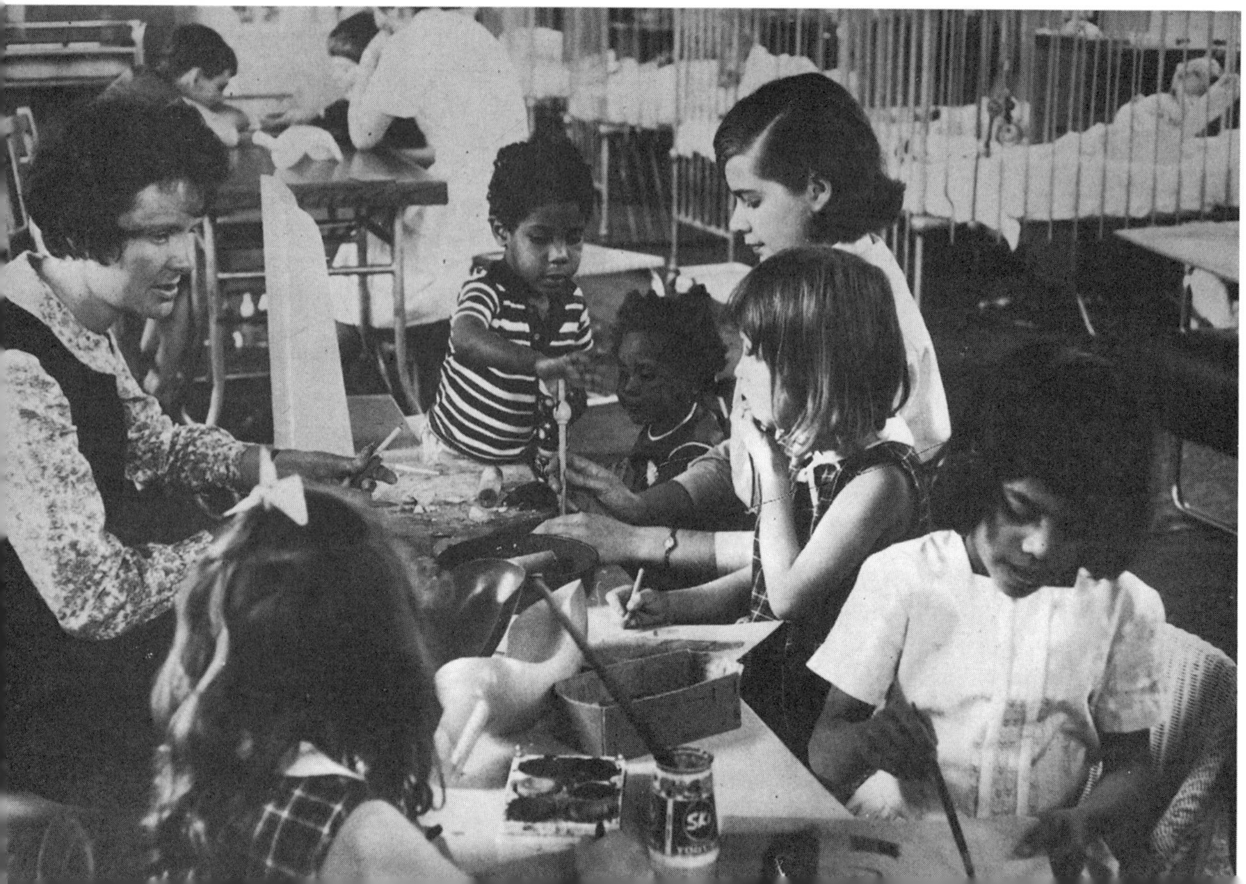

VII 特異な環境にある子供

子供であるということはどんなことか，知ってますか。
それは，愛を信じ，信念の存在を信じ，
カボチャを馬車に変え，ハツカネズミを馬に，低さ
を高さに，そして，無をすべてに変えることである。
シェリー

いろいろな国の様子をみてきたが，病院での遊び場は意外に少なく，全然ない病院も多いのである。ことに学齢前の子供のためのものは少ないのである。最近南ヨーロッパを旅行したとき，ある小児病院を訪問した。そこは清潔な病院で，子供たちはそれぞれきちんとベッドに横になっていた。子供たちの顔には喜びや楽しさの感情はみられなかった。子供たちは手にするものもなく，話しあいもせずに，強いられた暇を驚くほどじっとしてしのんでいるのだった。ただ，ある病室では様子がちがっていた。床は細かくちぎられたティッシュペーパーの吹雪で一杯になっていたのである。婦長は弁解して次のように言った。「子供たちはひとりひとり小さな紙をもらい，それを細かくちぎって一日をすごすのです。これは静かにさせておくのにたいへん役立つのです。」

ジョージ・バーナード・ショウは，一時的あるいは永久に，普通の家庭生活の保護をなくした子供やことに入院中の子供についての公開討論会[36]で，1944年タイムズ紙に次のように書いている。

「子供というものは，絶えずうるさく，いたずらをし，食事のとき以外はきたない手をしているし，衣類をよごしたり破いたりし，楽しい雰囲気ばかりでなく，家にごみや泥を持ちこむのである。手短かに言うと，子供は病気に必要な安静や看護の秩序を不可能にするようなことばかりするのである。」[37]

入院児童の福祉について，プラット委員会報告は次のように述べている。「何もすることのない子供は，興味をもって何かやることのある子供よりかわいそうである。熟練した監督に組織された遊びができることは特に有益である。」[38]

幼児教育世界機構の連合王国国家委員会では「病院での遊び」[39]という本を出版している。そこには病院での遊びの価値，この目的のためのプレイリーダーの資質と訓練，プレイグループを組織し活用する方法などのテーマが論じられている。これを読むと，入院する幼児は，その期間の長短にかかわらず，病気だけでなく，家庭や両親の暖かい愛情に満ちた保護から離れるという難題とも闘わなければならないことがよくわかる。

なじみのない環境のなかで，おそらく何もすることがなく，ほかの子供が治療をうけているのを見たり，ついたての陰からの叫び声を聞いたり，奇妙なにおいや音がみんな混じり合ったなかで，ベッドに横になっているのは非常に不安なものである。子供たちが病院のなかで抱く遊びの欲求を気づかうことが，病気の子供の日常的看護の一部になる日が来るにちがいない。というのは，入院中の子供は特異な環境のなかにはいるが正常な子供だからである。

入院中の子供は，遊びに対して特に何を求めているのだろう。入院中の子供は，なじみのない，ときには，どっきりさせられる環境のなかで，自分の知らない人々や自分では予測することも支配することも理解することもできないできごとにとり囲まれて，家庭から離れて暮しているのである。不安や疑問を追い払ってくれる遊びへの欲求は，緊急で強いものである。こんな子供を救う重要な方法のひとつに，恐怖を次第に客観化し，ゆっくりと受け入れ，自分の個人的な欲求にあわせられるような軽い遊びを準備することがある。訓練されたプレイリーダーが監督する病院でのプレイグループでは，ままごとに非常に重点が置かれている。それは家庭との生き生きしたつながりを保つためにたいへん有益な手段なのである。

英国王立整形外科病院学校のエヴァ・ノーブル女史は最近の著書である，「遊びと病院の子供」[40]のなかで，連合王国での20の病院に設けられている遊戯施設について述べている。それは病院での子供の遊びの実態について，監

督のいる場合についてもいない場合についても、くわしい観察を行なっている。

入院中の子供の心理的欲求については、両親ばかりではなく医師や看護婦なども次第に理解を深めてきてはいるが、遊びによって感情のはけ口を得るということについてはまだ十分に配慮されていない、と著者は考えている。

もちろん、世界中には、遊戯施設をもっている病院はたくさんある。アメリカ合衆国のある病院では、100年ものあいだ、子供の遊びを編成してきた。たとえばボルチモアのジョン・ホプキンズ・ホスピタル[41]の小児のための内科と外科の医療センターでのものがある。そこでは非常にうまくいっているので、ほかの病院にもそれと類似した形のものが多くみられる。ニューヨークのベルビュ・ホスピタル[42]での子供のためのレクリエーション・サービスによるものは注目すべき、世界的に有名な業績である。男子も含めたボランティアの助けをうけ、「オモチャのおねえさん」が、病室で子供たちを元気づける仕事をしている。またそれとは別に、外来病棟に楽しいプレイルームがある。あるワーカーは、そのほとんどがまったく遊びをうばわれてしまっている、年齢も人種も文化も異なるさまざまな子供たちと過ごした経験について書いている。そして「その仕事に加わることによって個人的な喜びや満足を得ることができる、プレイルームでの自由で、陽気で、探求心に満ちた建設的な雰囲気」を語っている。

病院のなかに遊びの場を開発する方法はいくつかあるが、これについては今あるものよりもっと慎重な考察が必要である。病室内での遊び、病院構内の戸外での遊び、外来待合室で処置を待つ子供の遊び、処置をうけに大人につれられてきた子供の遊びなどについて、もっとよく考えなければならない。また、病院の職員のための保育施設も緊急に設ける必要がある。それは手近かにあり、日中簡単に訪問できて、閑静で楽しい環境でありたい。ストックホルムの小児科のジョン・リンド教授は小児病院付属の遊び場を設計中であるが、遊び場は「病院にいる子供に対する職員のすべての態度に影響をあたえる可能性がある」と主張している。

医者も建築家も次第に、戸外の遊び場をつくることは重要なことだと考えるようになってきた。しかし、治療におけるこの重要な面については、これまでのところ、ほとんど注意が払われていない。デザイナーは計画に際して、通り風を防ぎ、テーブルやベンチのある場所を設け、起伏のある小路や草の小山などをつくるべきである。できれば、雑木林をつくりたい。子供たちが土を掘ったり建物をつくったり、水や砂で楽しめる場所が必要である。革のシートや自動車のタイヤをつかったブランコでの思いつきのちょっとした遊びは、普通のブランコのよりも安全だし面白いものである。木製のクライミング装置は暑い季節には、金属製のものより魅力があり快適である。

慢性精神身体障害の子供のための病院の庭でのままごと遊び

病院の遊び場で子供に飼育されているうさぎやモルモット

病院のプレイグループ

英国チェシャー州のペンスビイ・チルドレンズ・ウィング・オブ・セントラル・ワイアラル・グループ・オブ・ホスピタルで診療をうけている子供たちは、慢性精神身体障害や軽い精神障害を患っている子供たちである。

家庭医は、以前よりも次第に幼い子供たちを病院につれて行かせる傾向が強くなっている。そこで、家族と離れる痛手を味わせないよう、1日制で、5歳以下の子供の小さな治療単位を作ることにした。

治療単位は、庭や冒険遊び場や動物や花や草のある典型的な農家——近くにあるほかの農家と同じ様な——にあるのである。このような非常に家庭的な雰囲気のなかで、子供たちは普段のプレイグループ活動を楽しめる。正午に、子供たちは小さなテーブルを囲んでごちそうを食べる。そのあとで、両親が呼びに来る。

婦長は次のように言っている。「こうした試みはお母さんの苦しみを和らげるだけでなく、自由で寛大な扱いや、子供の発達に応じた遊びや作業が重要であることを実証した。私たちは、たくさんの母親たちの、医師によせる信頼を強いものにしたと確信する。これは確かに、身体的にも精神的にも予防手段になるものである。とりわけ情緒の分野においてはそうである。」

スウェーデンのヴェステラスにある、4歳から10歳までの小児病院付属の遊び場。年うえの子供のために、自転車修理作業場、菜園、フットボールのグラウンド、ブランコ、家づくりの材料や道具などもある。
建築家：アン・マリー・ラーゲルクランツ

セント・ジェームズ病院，ポーツマス

□クリストファー・ハフナー博士は，セント・ジェームズ病院に綿密に設計された子供の庭をつくった。そしてその目的を次のように述べている。「目標は情緒不安定児の医療プログラムにとって意義のある一連の小環境を作ることであった。この子らの欲求は，ある点で，正常な子供や身障児とは異なっている。ここでは，臨床，治療，社会適応などの面で様々なケースを扱い，幅の広い年齢層（3歳から15歳まで）の子供を収容するので，経験的な知識から，ソシオペタル・デザインを選んだ。幼児の視覚体験について考慮し，室内から戸外へ，できるだけストレスなしで移動できるようにしなければならなかった。」

孤立やプライバシーばかりでなく社会への参加をうながす場所もつくられた。空想力を刺激し，筋肉の緊張を和らげるのに役立つ冒険遊び場や原っぱや菜園のほかに小さな実験的環境が役立つことを明らかにしたいと思った。というのは，子供たちの知覚統合のしかたや，環境にかかわる自分についてのイメージにひどいゆがみがあるからである。そこで博士は「アクティビティ・コンテナー」をつくった。それは，一連のくぼんだ非対称形の空間で，補色で塗られ，立体交差する面でつながれている。そこに様々なモビール，立体形，折りたためるプールなどを置くようになっている。

凡例
1 階段のついた起伏のある小路
2 草の小山
3 雑木林
4 柵で囲まれた場所
5 全天候の小路
6 中心部の低い階段式劇場
7 動物
8 全天候の遊び場
9 よちよち歩きの子供のための場
10 静かな庭
11 菜園造りの場
12 小屋
13 ボール遊びその他のための固い地面
14 静かな奥まったところ

造園家：ボドファン・グリュフィド，造園学会会員

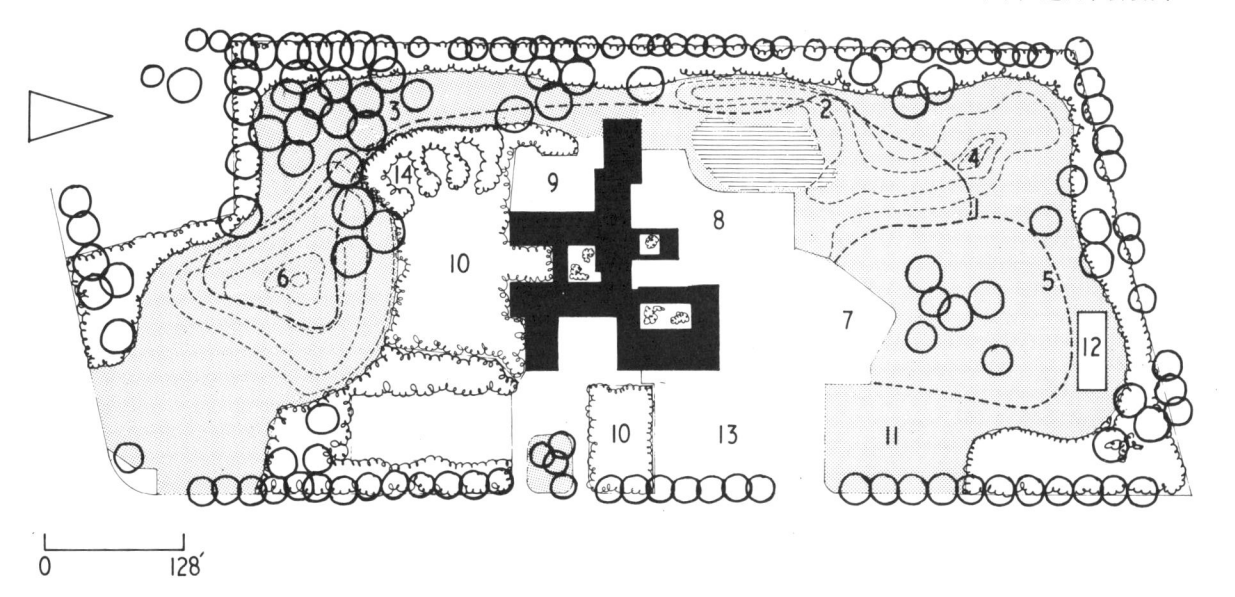

123

ヘズウォールの王立リバプール小児病院の冒険遊び場。入院中の子供たちが，蒸気ローラーや消防車やボートに仲間入りした英国空軍アンソン飛行機を見学している。

病院の冒険遊び場

　ヘズウォールの王立リバプール小児病院は，深い峡谷を見下し，川や向う側の丘の素晴しい景色を見晴らせる位置にある。そこには2歳から16歳までの子供がいるが，たいていの病院でと同様，子供たちの動ける程度にかなりのひらきがある。

　造園家の設計になるこの冒険遊び場は，急勾配で樹木の多い用地を最大に活用することが意図されている。自動の車椅子が通れる幅員の安全な道が樹々の間をぬって曲りくねって走っている。挑戦に立ち向えるだけの冒険心のある子供たちはその道をとおってどこにでも行くことができる。あまり動けない子供たちのために，腰掛エリアのある魅力的な芝生がある。

　広いテラスの下には，土掘り遊びのための広い砂掘り場へとゆるやかに降りているすべり台がある。またそこには青く塗られた水遊びプールもある。小さい患者が，自分より活発に動ける子供の遊んでいる様子を眺めて，一緒に遊べるようになるよう頑張るようにと，病室の窓の近くに華やかな色で塗られた蒸気ローラーが置いてある。丘のもっと低いところには消防車がある。これも，一層の努力を誘発するためのものである。林の部分は自然のままに残されている。それは，維持費節約のためでもあり，子供たちを野生の花，小さな昆虫，動物などと親しく接触させるためのものでもある。医師や看護婦やその他の職員のためにも病院の仕事を離れてくつろげるよう，特別な配慮が払われた魅力的な憩いの場が設けられている。

　この遊び場はみんな，数年がかりの善意による自発的な労働によって作られたのである。すなわち病院とリーグ・オブ・フレンドとWASPS（ワイアラル・アソシエイテッド・スクール・プロジェクト・ソサイアティ）の協力によってつくられたのである。WASPSは，青少年の情熱を，自分の住んでいるコミュニティに役立つ仕事にふり向けることをしている組織である。そうした仕事をとおして，青少年たちは，人間の必要とするものと直面することができるのである。青少年は20人ぐらいずつのグループで1週間滞在し，リーグ・オブ・フレンドの技術指導をうけて作業をする。作業の前に，各グループは病室に患者を見舞い，奉仕の対象である子供たちを見，彼らについての理解を深めるのである。

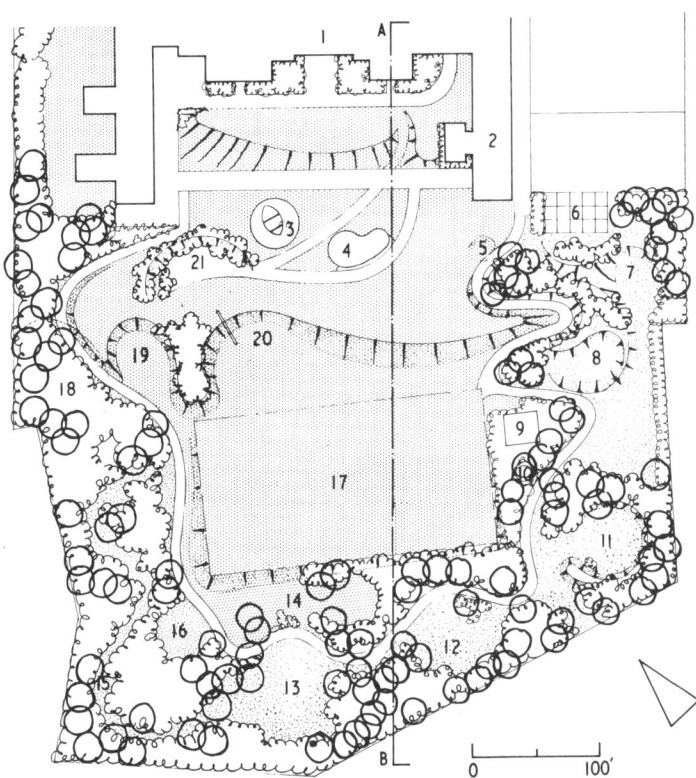

ヘズウォールの小児病院
凡例
1 病院
2 内科の病室（動ける子供）
3 救命艇と砂場
4 水遊びプール
5 飛行機
6 子供のための庭
7 医師のための囲われた庭
8 看護婦のための囲われた庭
9 ポンプ
10 消防車
11 バーベキュー
12 建設エリア
13 材木遊びの施設
14 鉄管遊びの施設
15 踏みならした小道
16 展望台
17 ボールゲーム
18 デビルズジャンプ
19 雑役婦の庭
20 すべり台
21 腰掛エリア

造園家：メアリィ・ミッチェル，造園学会会員

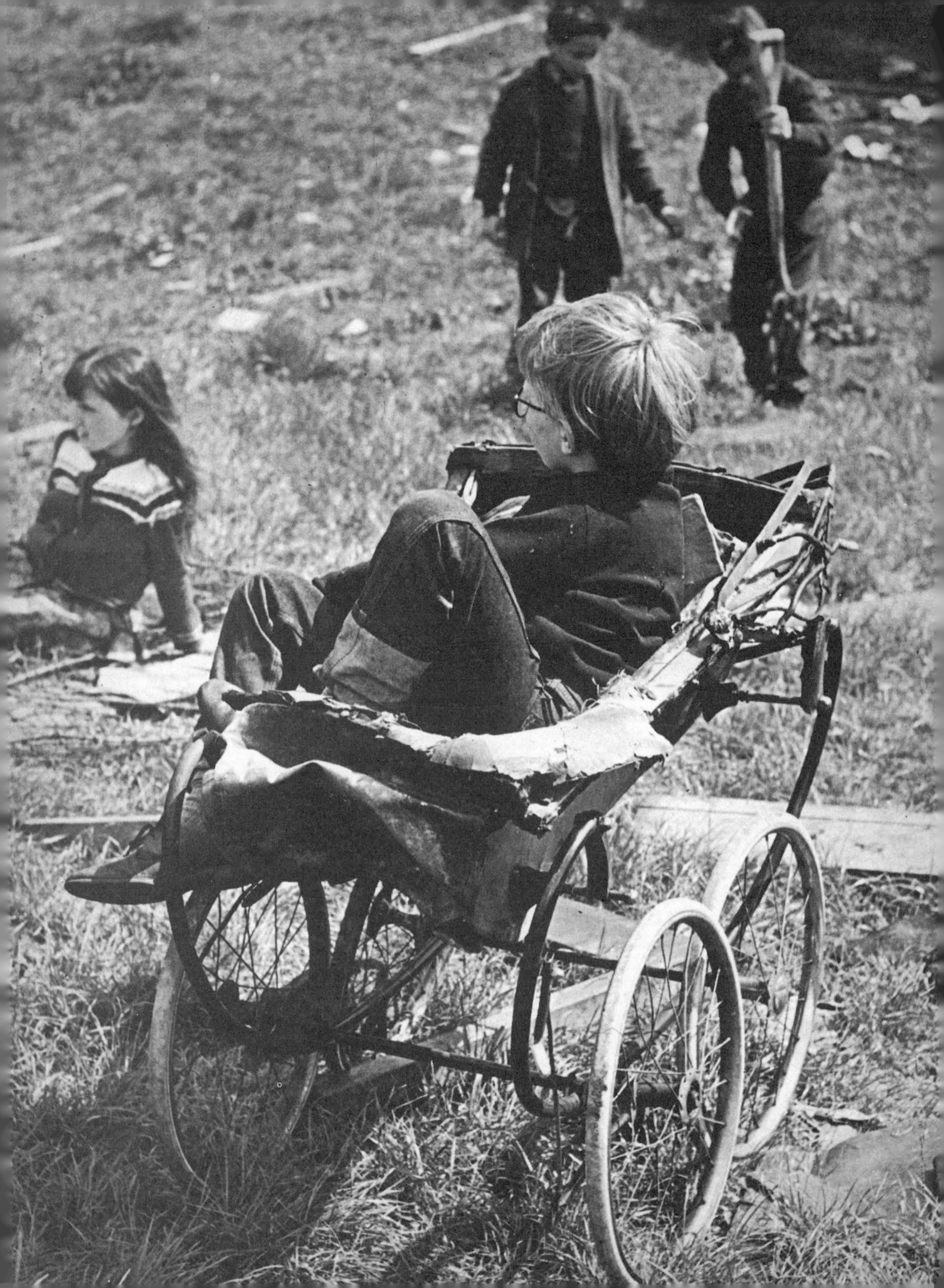

VIII　身体障害児，情緒障害児，不適応児のための遊び

> 私は自分で歩き，自分で何かしたいと思う。
> サー・フランシス・チチェスター

リチャード・ダトナー氏は，ニューヨークのエステ・アンド・ジョゼフ・ローデル・プレイグラウンド（100頁）について次のような批評を述べている。「情緒障害者ホームの子供や他の障害児たちが，こんな自由な雰囲気で遊べるという異例の体験をするためにわざわざ遠いところから連れてこられることが多いのである。」この痛烈な批判には誰もが心うたれるにちがいない。障害をもつ子供たちが自由な雰囲気で遊ぶのが，なぜ「異例」な体験でなければならないのだろう。学校は牢獄のようで，自由はなく，自由を味わうためには「わざわざ遠いところから」旅行をして来なければならないのだろうか。ロンドンでも自閉症やその他の障害のある子供が冒険遊び場に来て歓迎されている。けれども，障害児がどこでも好きなところでこのような体験ができるようにすることには，大きな抵抗があるように思われる。

重症身障児の多くは制限された生活をしているのだ。彼らのために，生活に対する積極的な興味をひき起すためにも，普通の子供と同じくらい楽しさをあたえるためにも，できるだけのことをすべきである。学期間，学校にいて家から離れて暮している子供たちはたいてい，休暇になると，することも興味をひくものもなくなり退屈してしまう。彼らの欲求に特別に応じられる家庭は少ないからである。兄弟たちは身障児に必要な制限された速度で，いっしょにとりとめもない遊びをすることなどは好きでない。母親は身障児の欲求に心を配り，食事をさせ，あちこちに移動させ，楽しませたうえに，いろんな家事雑用をし，普通の子供たちの活動に加わるのは難しいと思うことがしばしばである。このような大変さの結果，家族みんなが苦しみ，障害を負った子供につらくあたることになりがちである。そして，子供は，長い休暇のあいだ中，椅子やベッドのなかで誰にも顧みられずに，何時間もしょんぼりしているのだ。

ホリデー・クラブ

ロンドンでは父母のグループがこのような子供のためにホリデー・クラブを始めることにした。設備の整った身障児のための施設は，休暇のあいだずっと使われないでいる。それは高価な施設の堂々とした浪費である。チェルシーの脳性麻痺児童センターでは，休暇のあいだ，7才から16才までの子供のために，クラブがそのすぐれた施設を使用することを快く許可してくれた。このクラブは子供たちに非常に人気があるようである。そこには，同じような制限をもつ子供どうしが友だちになれる機会がある。また，手助けにやってくる，信頼できる十代の少年たちの団体があり，ことに喜ばれている。

クラブには有給のオルガナイザーや休暇中で本職からはなれている何人かの教師がいる。休暇中ほとんど使われないスクールバスで，子供の家と施設のあいだの往復が行なわれる。校外行事もできるだけたくさん計画されている。例えば，動物園や科学博物館や空港や田舎の農場などに出かけたり，海や川下への汽車旅行さえ計画される。こうした行事のない日には，いろんな種類のゲームをしたり，レコードや本の図書館ですごしたり，音楽グループに加わったり，絵を描いたりすることができる。

このようなクラブ組織に対する要請は非常に強くなっていて，ロンドンのあちこちでもほかのクラブが開設されつつある。どのクラブもすべて自発的な委員会によって組織され，運営されているものである。[43]

身障児の冒険遊び場計画

冒険遊び場は正常な子供にとってたいへん価値のあるものだということは今では広く認められていることである。そして同じ原理が身障児にも採用され始めている。冒険遊び場の設計には，視覚，聴覚，知覚の障害も含めた知能や情緒や身体上の障害を負った子供が，感覚器官を働かせる訓練ができるように，また同時に喜びも得られるように配慮すべきである。小児麻痺や脊髄破裂症や筋ジストロフィーや脳性小児麻痺の子供，整形外科で治療中の子供，外傷治療中の子供たちがこの遊び場で遊び，楽しむことができる。冒険遊び場はけいれん性麻痺（脳性小児麻痺）の子供にとっては，とりわけ有益である。なぜなら，彼らは，運動や機能調整の欠陥だけでなく，視力，聴力，言語能力，知力，行動力，知覚力などにも欠陥を持っていることがあるからである。

身障児は感覚体験が不足しがちである。それは，身体や感情面にいろんな制約があるためでもあるが，外界を探険する機会が乏しいことも大きな原因である。おそらく，冒険遊び場の最大の意義は，運動や知覚の諸問題と取り組んでいることであろう。

脳に傷をうけた子供は，知力はあるが，感覚を識別できないことが多い。冒険遊び場は公式の教育のためばかりでなく，生活の際のいろんな活動のために必要な知覚能力の発達を助けるものとして，型にはまらない，刺激を与える材料を準備することができる。

設計に際しては，遊び場と建物は，子供たちが身体全体でそれに挑戦するようにすべきである。建物はいくつかの小部屋つきの一つの大部屋で構成すべきである。小部屋は，必要に応じてその大きさや目的を変えられる適応性のあるものである。精神集中とか平穏さが要求される仕事のために，静かな小部屋が必要である。

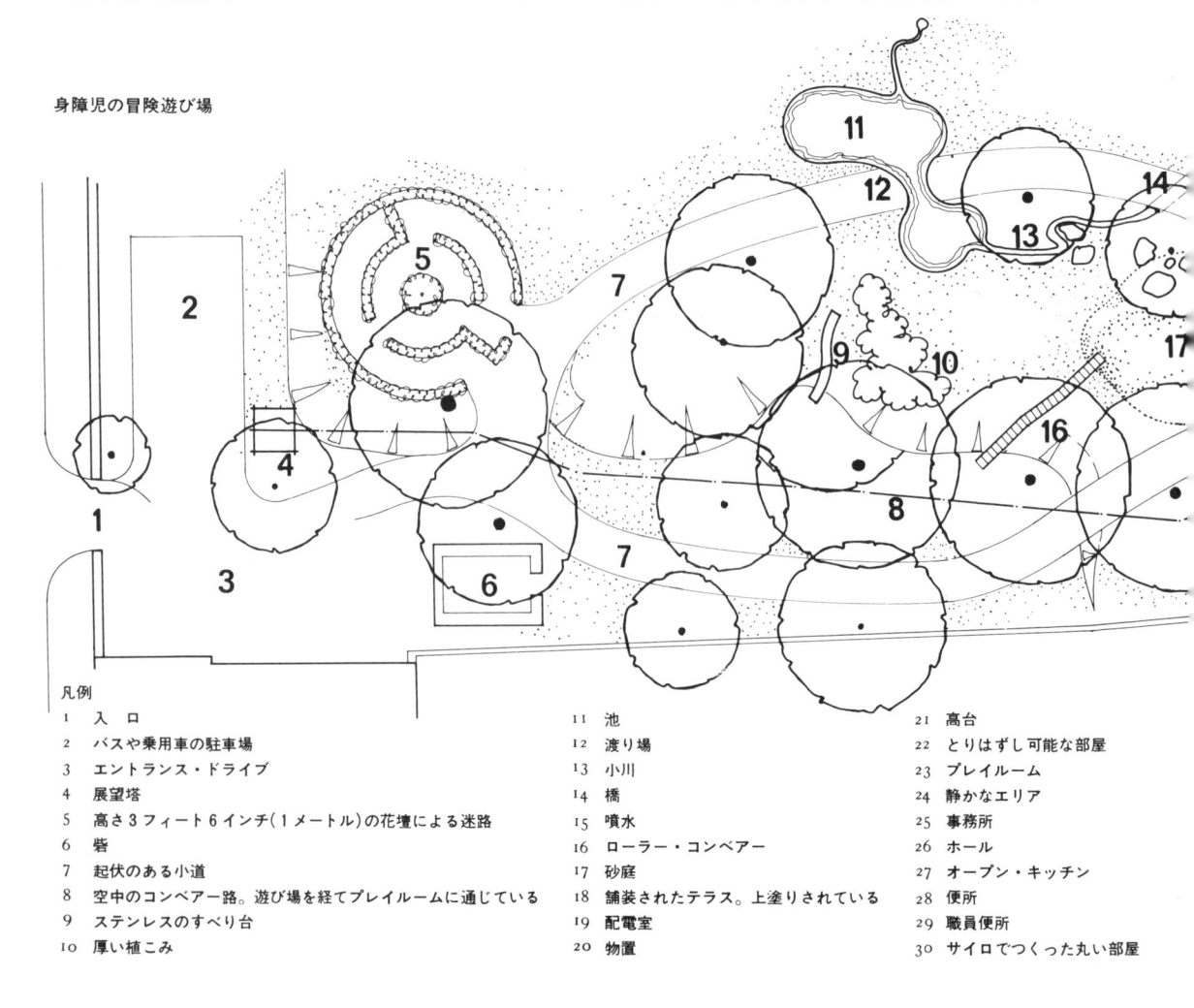

身障児の冒険遊び場

凡例
1 入口
2 バスや乗用車の駐車場
3 エントランス・ドライブ
4 展望塔
5 高さ3フィート6インチ（1メートル）の花壇による迷路
6 砦
7 起伏のある小道
8 空中のコンベアー路。遊び場を経てプレイルームに通じている
9 ステンレスのすべり台
10 厚い植こみ
11 池
12 渡り場
13 小川
14 橋
15 噴水
16 ローラー・コンベアー
17 砂庭
18 舗装されたテラス。上塗りされている
19 配電室
20 物置
21 高台
22 とりはずし可能な部屋
23 プレイルーム
24 静かなエリア
25 事務所
26 ホール
27 オープン・キッチン
28 便所
29 職員便所
30 サイロでつくった丸い部屋

便所には車椅子のままで入れるよう配慮して設計しなければならない。洗面所やシャワールームには，ひとりで使えるように，手すりやその他の補助具が必要であろう。

　地表面の造成ではそのレベルや素材に変化をあたえるようにするとよい。そこには草花，樹木，動物，草の小山，階段，すべり台，砂，土掘り場や水が必要である。救急車やバスや乗用車の乗り入れる場所もぜひ必要である。

　遊び場が目標とするのは，友好的で，安定した，暖い雰囲気であり，子供たちがそこに自分の王国を感じるように設計された環境である。子供たちは本来ダイナミックなものなので遊び場のデザインや雰囲気は自由で，柔軟なものでなければならない。適切に設計されていて，いつも注意深いゆきとどいた監督をうけることができれば，いろんな障害児がそれを利用することができる。[44]

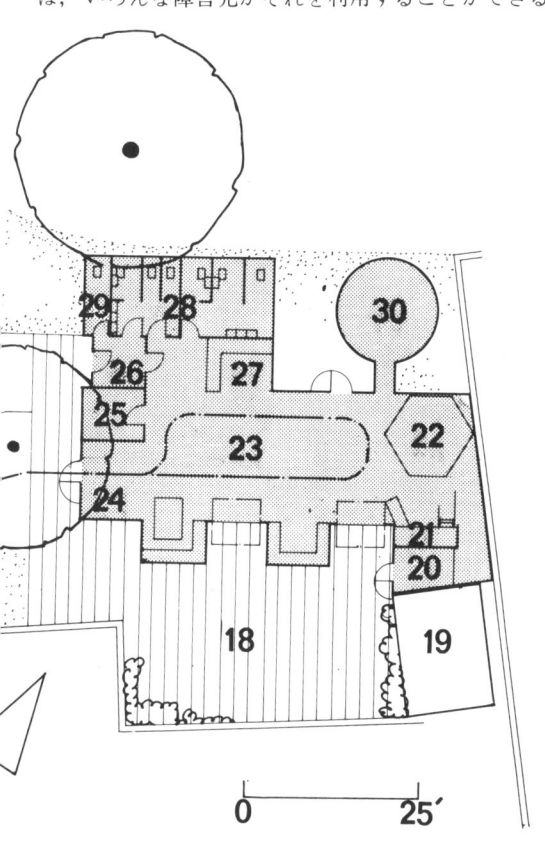

建築家：ロバート・ハワード

◀クィーン・メアリィ▶
病院付属冒険遊び場での子供たち。
カーシャルトン

精神年齢3・7歳のダウン症の少女がバウエン・ハウス・センターで楽しく遊んでいる。
ブリスベイン,オーストラリア▶

情緒障害児

□重症の情緒障害児に潜在する可能性を十分ひき出すには彼らの社会的情緒的な発達を促すことがきわめて重要なことが最近判明した。彼らは、たいてい、それらの発達を促すための刺激の少ない、大病院の病室で過しているのである。

今や有名なブルックランドの実験は、1960年、J・ティザード教授によってはじめられた。治療パターンは家族単位をとっており、これは普通の保育学校の子供のためのものに基づいている。そこでは、環境全体が子供の情緒的社会的欲求に焦点をしぼっている。医師の指図に従いながら、自由な方式で言語の発達が促進される。「最も顕著な、喜ばしい成果は、彼らに社会的情緒的行動がみられるようになったことである。これまでの病理学的な行動は、大分みられなくなり、たいていの子供が、長時間、他の子供と単純なグループ遊びができる。彼らも普通の

時は、自分の行為に没頭し、それを楽しめる、優しい、幸福な子供たちである。」[45]

ブルックランドの実験に勇気づけられ、クィーン・メアリィ病院は、重症情緒障害児病院という環境のなかで、ブルックランドに学んだことがどこまで実践できるかを示すために、 1病棟を使った3年がかりの企画に着手した。保育学校にみられるような自由な遊びや病棟での遊びのプログラムがつくられ、さらに最近、病棟に隣接した1区画の土地に冒険遊び場が設けられた。ティザード教授は、ブルックランドでの子供は、鈍い運動筋肉の訓練に、ほかのどの活動よりも時間をつかうことに注目したのである。

伝統的な金属製のクライミング・フレームや回転木馬は重視されず、もっと変化に富んだ体験を提供し、子供の想像力に強く働きかける力のある、型にはまらない装

置が重視されている。これは，正常な子供の遊び場の傾向に従ったものである。幸運なことに，普通の冒険遊び場の経験をもつ，大ロンドン州公園課からの助言や援助を受けることができた。また，実験期間中，住宅看護での幼児の欲求について豊かな見識を持つ育児指導員からの助言が得られた。伝統的な遊び場より，このような遊び場のほうがずっと安くできることがわかった。ここでの第1の目標は，いろんな筋肉を動かす活動の場を設けることであった。たとえば，ビール醸造所からもらったくぐりぬけ用の木樽，英国海軍士官学校でつくったテリレン製縄梯子や水陸装備特攻隊の網，自由に登れる丸太の斜面，ブランコのためのタイヤとロープ，滑りぬけるための広口のファイバーグラス管，その上でバランスをとったり沿って走ったりするキャットウォークなどを使った活動がみられる。ミニチュア「ウェンディ・ハウス」は自動車工場の労働者がつくったものである。

　この冒険遊び場は，病院の全科の人々や数人の親たちの協力によって完成したものである。それは，おもに夏に多く使われ，子供たちは非常に長い時間そこで過している。[46]

この3枚の写真からわかるように，デンマークでは不適応児や情緒障害児の自由で創造性豊かな遊びの意義がよく理解されている。

遊び方教習センター，アメリカ

□ ジョゼフ・P・ケネディ・ジュニア財団は知恵遅れの子供のために特別に配慮された遊び場の開発を行なっている。知恵遅れの子供とは，その技能が劣っていたり，何もできなかったり，身体の適応性が低く，運動神経の調整が不完全であり，正常な子供より想像力や創造力の乏しい子供たちである。

　財団の体育コンサルタントである，フランク・J・ハイドン教授[47]によると，その主な目的は，子供たちが楽しく過すことができ，また来たくなる程面白く，遅進児にとって楽しく有益な様々の訓練や活動が選べるようなプレイセンターをつくることである。そこにはたくさんの独立した遊び場があり，子供は遊び場から遊び場へと移動し，自分の能力に応じて，極く単純なレベルからより複雑なレベルの活動へと進むことができる。

　提案されたデザインでは約 2½エーカー（1ヘクタール）が必要である。もっとも，部分的にはもっと小さい場所にも応用できる。それは，いろんな地区への接近路となる全天候のグラステックス通路を含み，左右に曲って，自転車やスクーターやソープボックス・カーで登り下りできるよう設計されている。通路は低い柵で二つの小道にわけてもよい。ひとつは急いで通るときに，ひとつは車椅子や歩行者のための小道である。こわれた車の修繕所や車庫もあったほうがよい。

　水泳用プールの深さは0から4フィート（1.2メートル）まであり，大きさは30×60フィート（9×18メートル）である。年少の子供は水際からプールのなかに歩いていき，浅いところに腰をおろして遊ぶ。それから次第に深いところに導かれ，泳ぎが教えられる。

　玉石のある砂床の小川が自然のままのキャンプ場を通って流れている。キャンプ場で子供たちはたき木を集め，火をたき，テントを張り，食事をつくる。

　丘は，子供たちが短い緩やかな斜面から次第に高い険しい斜面へと進めるように造成されている。それは丈の高い雑草でおおわれていて，駆け登ったり降りたり，滑ったり，ボールをころがしたりするのに使われる。プレイウォールは，ボールをころがしたり，止めたり，投げたり，捕えたり，蹴ったり，打ったりする技術を発達させる場である。いろんなボールゲームのための平地とスケートやアイスホッケーのために水を注げるように鉢形にくぼんだ場所がデザインに組み入れられている。鏡池は小さなボートをうかべる場としてだけでなく，興味

と変化を増すようにデザインされており，魚やあひるがいてもよい。

　樹の家は技能上達へのもうひとつの刺激になる。ロープをよじ登ってあがれない子供は縄梯子で登れる。またそれも難しいときには階段を登ることができる。車椅子の子供は斜路をのぼって樹の家へ行けるのである。

　とくべつに女子のために，本物の小さな家がある。そこでは，ベッドを整えたり，テーブルをセットしたり，床を掃除したりといういわゆる「ままごと」をすることができる。提案されている鉄道には，子供の腕や足の力で動かせる車が走っていて，汽車の面白さと身体の訓練とが結びつけられている。

　小さな動物小屋が三つ四つ，いろいろな場所におかれている。小屋は子供たちが入りこんで餌をやったりさわったりできるようにつくられている。

　センターへの主な入り方は，駐車場を通り，斜路を登って，中央の2階建ての建物にいたるものである。1階には，洗面所，水泳プール用の更衣室，スナックバーが設けられている。2階は一部が壁で囲われているだけである。囲われた部分に物置，事務室があり，残りの部分はゲームや美術工芸や物語やダンスのための屋根付のスペースになっている。小ステージは演劇や人形芝居用に計画され，バスケットボール場もある。建物の片側の階段を降りるとサイドウォーク・カフェがあり，そこで，両親と子供が一緒にお弁当を食べることができる。

　この「生活教習センター」は1週間に7日開かれるよう提案されている。様々な学校の子供たちが，午前と午後のグループにわかれて施設を使い，午前のグループも午後のグループもセンターでピクニックランチをとれるように提案されている。日曜は家族の日と考えられている。両親は教習時間中は就学前の子供を連れてきて遊ばせてもよいが，子供と一緒にいることが要求されている。夜には，コンサート，演劇，ダンスなどの特別なプログラムが準備される。

　レクリエーション・ワーカー，教師，両親，ボランティア活動者の教育をセンターで行なって欲しいという要望はたいへん強い。

　このような指示はすべて，一見観念的なようだが，その多くは普通の子供の遊び場にも採用されているものである。ハイドン教授が指摘しているように，身障児に特に不便な遊び場や公園に，それを部分的に組み入れることができる。用地はニューヨーク市内に選定済みであり，そこに，こうしたセンターの最初のものが実施されることになろう。

凡例
1　樹の家
2　樹の家からの斜路
3　ピクニックエリア
4　トンネル
5　バスケットボール
6　水遊びプールと水泳プール
7　プレイウォールとニッチ
8　ままごとのための家
9　デッキ
10　野球のダイアモンド
11　トランポリン
12　鳥小屋
13　鉄道
14　小さな駅
15　動物小屋
16　休息所
17　集会場
18　ロープのブランコ
19　通路
20　アイススケートのための低地
21　登る斜面
22　水の干上った小川
23　登るためのたいこ橋
24　ジャンピング・ピット
25　ボートの池
26　長い草地
27　キャンプ場
28　樹林地区

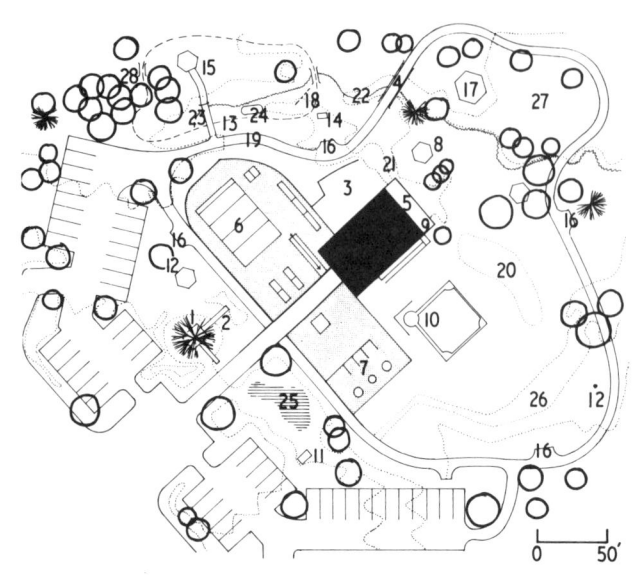

建築家：キャンベル，グリーン・クンゾロ

不適応児

不適応児に関するアンダーウッド委員会は、その問題について次のように巧みに表現している。

「不適応というものを、その本質をとらえるように表現するとすれば、それはある特別な時に、周囲の人々や状況に対する個人の関係を述べる言葉であるとするのが、最もよいように思われる。われわれが不適応児と呼んでいるのは、次のような子供である。すなわち、自分自身や仲間たちに悪い影響を及ぼしながらおおきくなり、両親や教師やいつも自分と接触している他のおとなの助けがなければそれが治らない子供を不適応児と考えているのである。

不適応児の特徴は不安定で不幸であり、人間関係がうまくいかないことである。不適応児は、人にものを与えることが難しいが、それだけでなく、受けとることも難しいのである。彼らは愛とか同情とか励ましとかいった単純なものにも反応できないようにみえる。と同時に、日常の訓練で彼らをなおすことは容易なことではないのである。」[48]

不適応児とは、情緒的圧力によって正常な自己抑制力の成育がはばまれ、長期にわたってその情緒的圧力にひとりで服従してきた子供たちである。その結果、安定した性格の特徴や道徳的判断力が育っていないのである。そしてたいてい両親自身も同じような養育の犠牲者であることが多い。

普通の学校という環境のなかでは、彼らの行為はコミュニティのためにならないとしてとがめられる。そして退学しなければならないことも多い。そうすることで結果的に、彼らの異常さと排他性は強められる。新しい環境は、自発的な活動（いわゆる遊び）を始め、また勉強したいと思うよう子供たちを刺激し、誘いこむことを目標とすべきである。冒険遊び場はこのような効果のある新しい環境のひとつである。子供たちは、まず、しじゅう変らない暖い愛情で接触してくれる人、立派な社会的行動についての一貫した模範を示してくれる新しいおとなの人と親しくつきあえるようになるチャンスが必要である。

この子供たちが抱く感情は、事物に対しても人間に対しても同様に、荒々しく、攻撃的で、破壊的で、びくびくしたものである。このような感情は、時にはあからさまにあらわされ、時には固く抑制される。どちらの場合にも、自由な遊び場や冒険遊び場の素材が、何かしたい気持を誘ってくれる。事実、こうした子供は、自分で始めること以外のことはほとんど何もすることがないのである。貧弱な遊び場には、子供の創意を引き出す力がないのである。

冒険遊び場では、建物をつくったり、こわしたりすることができる。材木、そのほかの素材は大きく重いので、体力と協力が必要である。疲れ休めにひきこもることができるように安全で人目につかないコーナーが作られる。ほかの子供たちとの関係をもたせる試みが徹底的に行なわれる。頑丈な材料はこわれないし、おとなが身近かにいて、災難を防いでくれるので、敵意、不安、恐怖、怒りといった感情をあらわすことが許されている。遊びの素材は、自ら危険にたち向かってそれを克服できるような向う見ずな子供へは挑戦状をつきつける。それは、臆病な子供には外向的な行動を起させるよう働きかけ、孤独な子供にはほかの子供への働きかけをさせるのである。また、「ギャングごっこ」しかしない子供は、反社会的な犯罪になるギャング行為をおかす危険なしに、それをすることができる。

冒険遊び場だけでは、不適応児にとって十分なものではない。そこでは、非常に多くの破壊的攻撃的な衝動が解放されるので、子供たちが、遊び場の外の世界で社会的行為をするのを一層難しくすることも事実である。だから、遊び場は学校という全体的治療環境の一部として設計され、通常の学校での勉強を当然含んだ毎日の学習プランの一部として使われるのが理想的である。不適応児のための遊び場の価値は、結局、職員の資質と熱意に依るところが大きいのである。

イングランドの、ある不適応児のための学校では、冒険遊び場に、約40×50ヤード（36×45メートル）の用地をあてている。利用できる木材は地方議会から手に入れたものだとか、取りこわされた建物や廃校や事務所家具のいらなくなったものなど、どこにでもたくさんある。子供たちは、この木材を使って小屋作りを楽しむ。また、荷馬車作りが周期的に流行する。この荷馬車で、遊び場のアスファルト舗装の部分を走り回るレースが行なわれたり、荒地で「ヒル・トライアル」が行なわれたりする。

この遊び場には、固定された装置はほとんどなく、あっても、あまり使われていない。全般的に、子供たちは

自分の力で装置を作るほうが好きなのである。子供たちは、自分の危険をほとんど意識しない。遊びには、危険なものがたくさんあるが、傷害は驚くほど少ない。

　古い自動車がまだ道路で使えるような状態で学校に寄贈された。それは約1カ月間しか道路上で見られなかった。子供たちは、建設的な遊びと同様に、自分たちの情緒的安定に必要な、破壊的な遊びをみつけだすことが多いのである。

　小屋は、普通、子供のグループ作業で作られる。たいてい3,4人のグループは、しばらくのあいだかわらない。仲たがいをしてグループから出て行ってしまう子供がいる。また、ちょっとしたつまらない不品行のために、ほかの子供たちから追い出されることもある。子供たちの間で厳しい規則が守られており、仲裁のために、しばしば、職員が呼び出される。

　小屋によってはほかのよりきちんと作られているのもあるが、どれも隔離感をつくり、想像的な遊びのための刺激をあたえようとする意図にかなっている。

　大きなキャンバスが一枚あれば重宝である。それを使えば、多分、2階建で3部屋もある大型の小屋を完全に防水することができる。

孤独な時間が欲しいとき、それが得られる野原のちょっとしたコーナーがあるものだ。そこでは、ただ、腰をおろしていたり、考えごとをしたり、写真の子供のようにひとりで仕事をしたりすることができる。

たき火は人気がある。それは、子供に、危険な要素をコントロールする方法を教えるのに役立つ。火をコントロールすることを学びながら、子供たちは自分をコントロールすることを学ぶ。

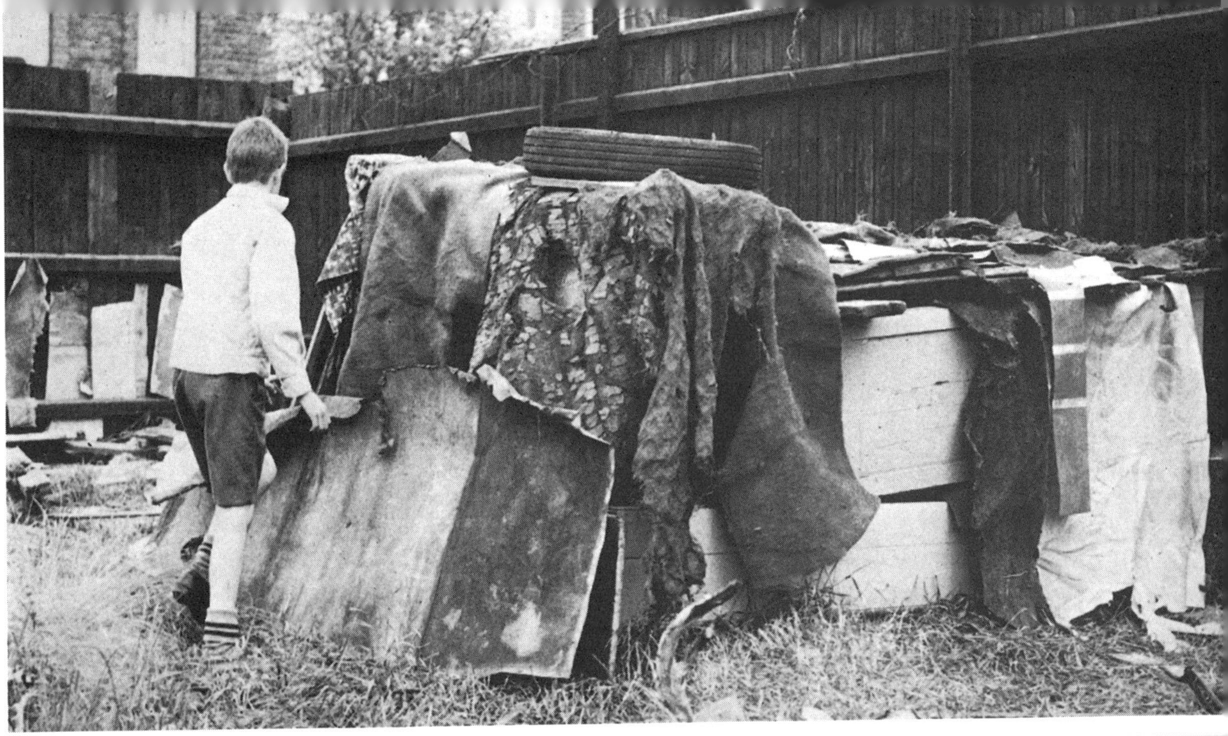

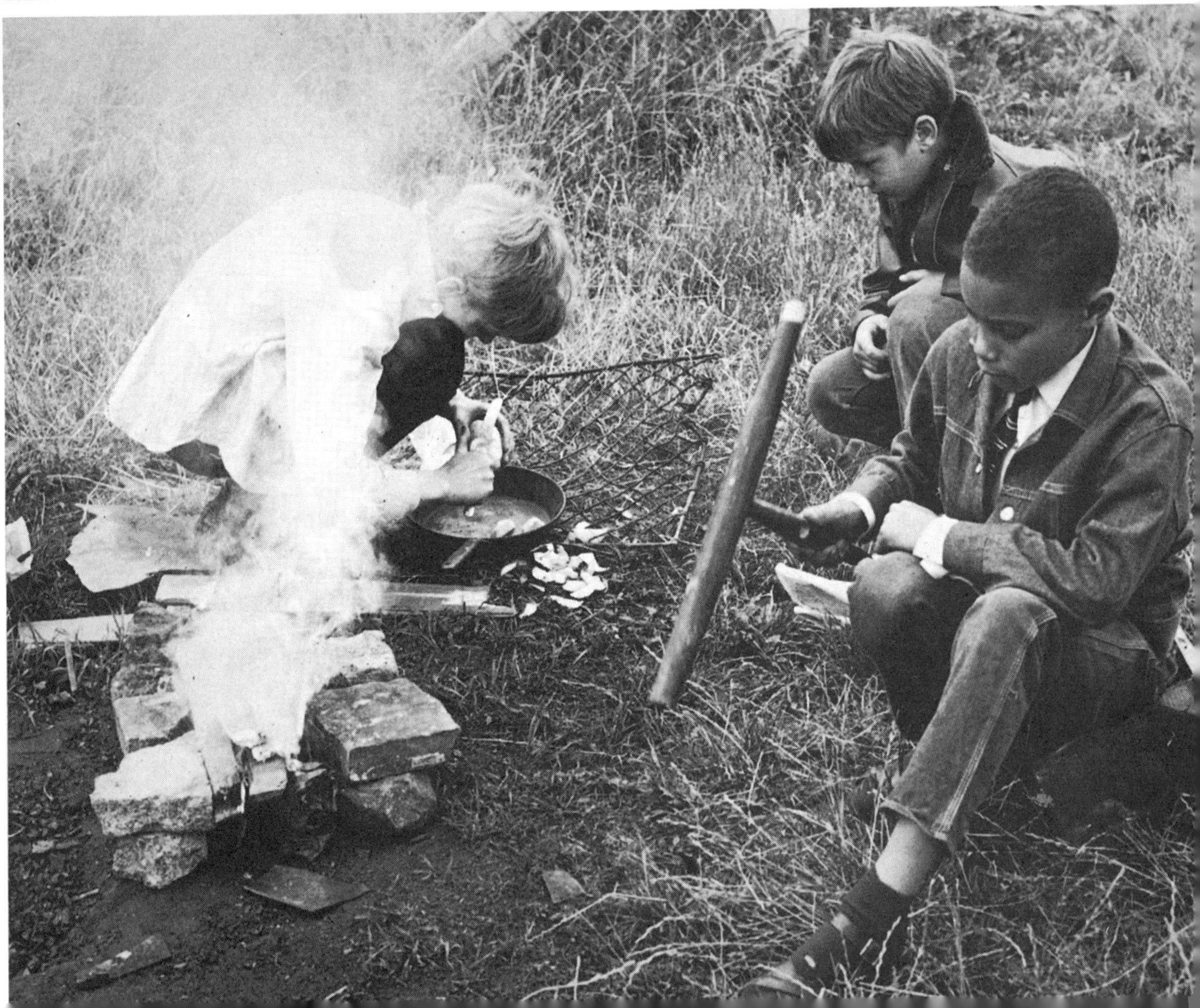

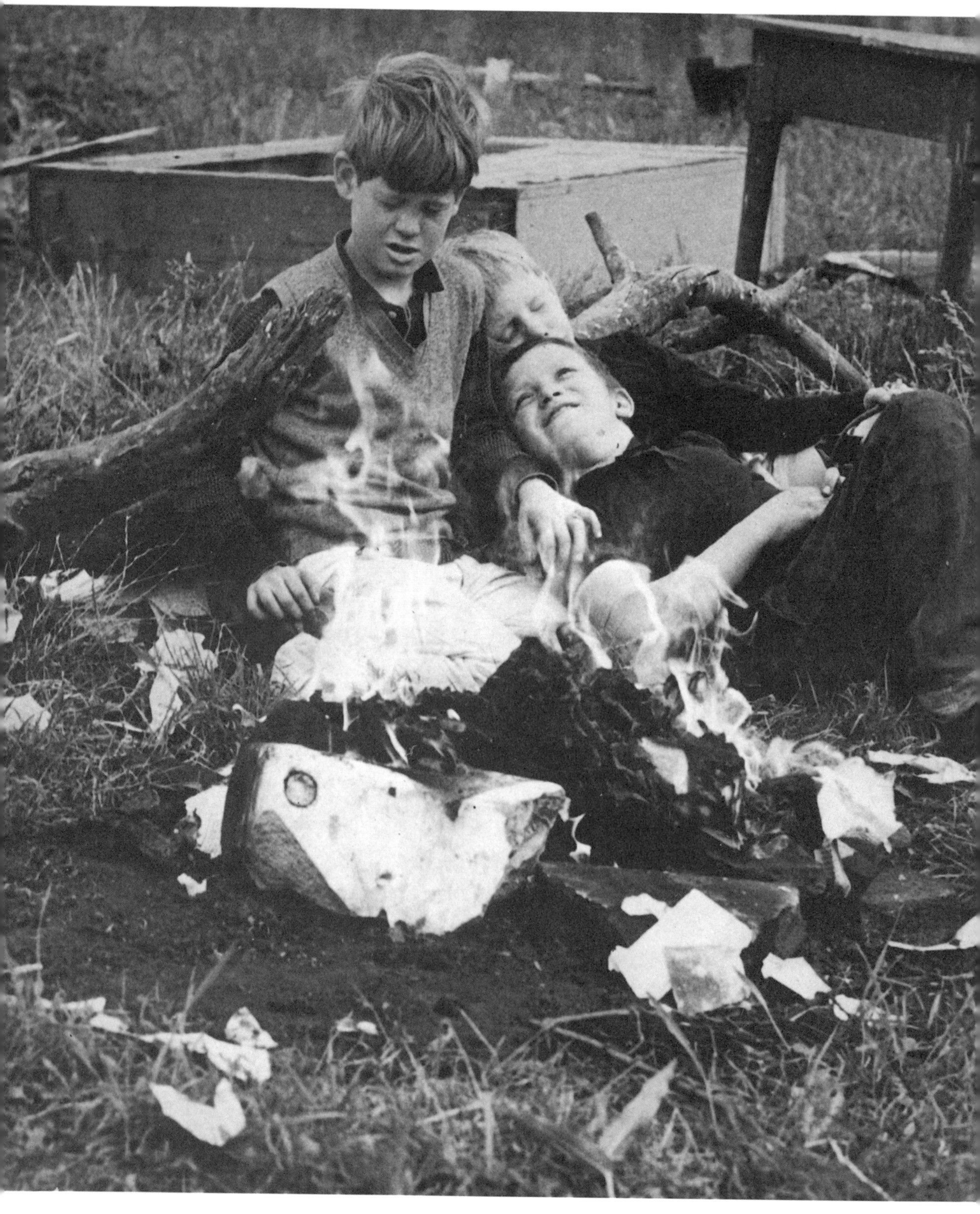

IX 未解決の問題

遊びの機会を開発するということは，今のところ，まったく偶然によっている。施設はあるときは不足しているし，あるときには無駄に重複していたりするのである。地方当局は，それぞれその管区内の公園や住宅地や学校や原っぱなどの遊びのためのエリアについて調査を行なうべきである。その調査によって，新しい遊び場が非常にしかも緊急に要請されていることが指摘されるだろう。そしてまた現在の遊び場はあまり使われていないこともはっきりとするだろう。従来の型の遊び場の多くはときにはまったく見捨てられてしまっているし，ときにはほんの一部が利用されているにすぎないのである。このような遊び場はつくり直されるべきである。あまり使われない理由は，場所が悪いか，設計が退屈で創造性がないか，夕方には門が閉められたり，日曜日には錠がおりていたりするか，就学前児童の入園が禁じられている（これは，学校の就業時間には使われないことを意味する）かによるようである。雨天や寒い日のために何か施設をもっている遊び場はほとんど稀である。これも利用を制限する原因のひとつである。このような沈滞した遊び場は貴重な土地を目先がきかずに浪費している場合の典型的なものである。

この調査によって，臨時の遊び場に利用できる建設予定地にも注目しなければならない。その他にも住宅地の中庭や使われない運河を覆ってつくられた土地や，ストックホルムでみられるように，上に鉄道や高架道路のある荒地などのちょっとした土地にも注目すべきである。スイスでのように古い墓地の利用や，バールでのように学校の運動場や原っぱをもっと活用することも考えるべきである。このような広範囲にわたる調査なしでは，開発は偶発的で無駄なものになることが多い。それをよく理解している地方当局では，子供たちや納税者や地方全体のために非常に役立つものを求めて，こうした調査を行なっているのである。

法律をつくることによってすべての問題を解決することはできないが，どんな企画も，認可の前にコミュニティ開発のための十分なスペースが確保されることを知っていれば，プランナーは仕事を進めるのに張り合いができるだろう。これはデンマークなどの 2，3 の進歩的な国では法律上の義務であり，プランナーは自分たちのためのスペースであるという子供の権利を重視することができるのである。

たいへん良い計画がその実現化に失敗していることが多い。それは，企画を開始する時に開発資金を確保することが法律上義務付けられていないことが多いからである。環境開発のための費用を住宅費と関連させる確固とした政策が必要であり，住宅のコストアップによって環境開発費に割り当てられていた予算が削減されてしまわないように，十分な住宅費をとるようにすべきである。

よい戸外環境をつくる費用と将来の維持費との関連についてはまだ十分に検討されていない複雑な要素がある。最初の造園費が十分にない場合には，かえって，確実に将来の維持費が高いものになる。なぜなら，全体の環境がさえないおもしろ味のないものとなり，それが破壊行為を招くからである。

人に好まれ，名声を得るためには，居住者たちが楽しく住めるような全体の環境づくりのためにデザインの頭初から，クライアント，都市計画家，建築家，技術者，造園家の緊密な協力が必要である。住宅地の遊び場が，その地域的基盤に基づいて構成されるべき状況というものがあるし，それが環境全体として，そこに住む子供や青少年に利用されるべきだという事情がある。とにかく，住宅地にどんな施設を設けるにも，ごく頭初の段階からそれを考えにいれなければならない。この仕事に取り組むチームは，子供や青少年や地域開発にたずさわる地方公共団体のあらゆる課と最初から協力すべきである。計画を挫折させる最大の障害は，住宅・教育・公園・保健の各部課の職員の，水も漏らさぬ分課主義のように思われる。様々な部課をこのような協力体制に組織できるのは，地方公共団体だけであろう。

遊びの様々な問題についての，最新で最良の情報をどこで得たらよいかについて，プランナーは頭を悩ましている現状である。情報も研究も散在しているし，今のところ，世界中からこの種の資料を集めて利用しやすいものにする仕事に着手した人はいない。過去におかした過ちを避けるためには，まずこうした仕事をする必要がある。技術的な詳細を規定し，成功した企画例やその費用を綿密に調査し，調査を要約し，様々な年齢層の子供の欲求とそれを満たす方法について専門的指導方針を与

えるための研究所を設立すべきである。研究所には，世界の国々のすぐれたアイデアや経験を進んで探し出す人がいれば理想的である。建築家は暖房設備やごみ処理などの問題については専門家の援助を得られるが，遊びという人間の問題解決については，援助や指導を得る良い方法がないのである。

大きな地方公共団体は，遊びについての専門家を職員にもつべきであり，住居・教育・保健・公園の各課が共同して仕事にあたるべきである。この明白な要求は，長いあいだかなえられないままでいる。例えば，ある人をオープンスペースでの遊びの仕事に指名しながら，住居や学校などについて発言を禁じることは無益であり，こうした方法からは満足のいく結果が得られるはずがない。

各々の用地には個性があり，それぞれの問題がある。そして，その問題は独特のものであると考えなければならない。カタログで，「既製の遊び場」を注文する現在の傾向は，ことにアメリカでみられるのだが，非常に嘆かわしいことである。このような企画力の不足のために不活発で単調な遊び場がつくり出され，ただ，製造業者をもうけさせることにしかならない。

あとがき

交通とか住宅密度とかいった主要な要求すべてを含んだ都市設計という大問題について論ずることは，この本の範囲を越えたことである。「都市の遊び場」は，人びとが生活し，その家族を養育する場所に対して，プランナーがもっと敏感であってほしいという願いに基づいて書かれたものである。子供も親も，親密なコミュニティ（そこでは，近隣の人びとが集い，語りあい，家族の圧迫から離れて一息いれることができる）に属していると感じられるように，プランナーが人間のスケールとまわりの建物を関連づけてくれるようにという願いから書かれたものである。

完璧に統一された大きな建築や，多勢の人びとを収容するような計画は，人間性が要求している多くのものを無視している。例えば，攻撃的で健康的なエネルギーにあふれた学童たちの建設潜在能力は，暴力として浪費されることが多い。アンナ・フロイトの助言によれば「自分自身から解放されようとしている青年期の息子や娘ほど，手にあまる状況はほとんどない」のである。こうした人間に固有の抑圧を解決する方法を見つけることに失敗して，社会は次第に多くの警官を募り，次第に厳しい処罰を用いてしか自衛できないかのようにみえる。

遊びが非常に大切なものであるという点での私たちの考え方にはことさら新しいところはない。おそらく，新しいのは，子供たちの好きなときに，自分たちの創意による作業や遊びを楽しくやれるような場を，以前よりずっと積極的に準備しているということであろう。例えば，少年は道具の使い方をおぼえることを望まれているが，少女も同じようにハンマーやのこぎりやのみを使えなければならない。それなのに少年にも少女にも，そうした機会のないことが多い。これは子供の将来に大きな影響を与えると言える。それは女流科学者がきわめて少ない理由の一つに数えることができる。経験の場がないことは仕方がないことだと考える人びともいる。とにかく，どんな損失でも，避け得るはずのものをこうむるということは，子供の潜在能力の大きな浪費であるのは確かである。

考えることとそれを表現する言葉がたどたどしい子供は，しばしば，頑固に自分の殻に閉じこもる。このような子供にとっても，他の子供にとっても，自分の本当にわくわくするような楽しみを得ることが妨げられることが多い。それはコンサートや劇場やスポーツ施設や展覧会での入場料や特に交通費によるものなのである。学童みんながこれらの施設を半額で使えるようにすれば，このような楽しみをもっと簡単にもてるようになると思う。もし，各住区にその地区での催し──例えば，博物館，サーカス，劇場，コンサート，図書館など──を掲示するパリ風の円形キオスクがあれば，子供たちが自分の楽しみを探し出すきっかけになるだろう。このような掲示やポスターは楽しさを幾らか増してくれるだろうし，子供たちが集めてきて張り出すこともできるだろう。おそらく，子供が経営し管理する，子供専用の店があっていいのではないかと思う。そのような店があれば，子供たちは，そこで，本や漫画やお菓子や果物や飲物などを買うことができるし，収集用切手の売買をしたり，腰かけて友だちとおしゃべりすることだってできるはずである。

遊びの機会は果しなくある。この本で話したかったのは，次のことである。

「実験を恐れるな。想像力は単純さと手を組んで進む。」

注

1 *I Believe: Nineteen Personal Philosophies*. London 1962.

2 *Universal Opportunities of Early Childhood Education*. Policies Commission, National Education Association, Washington 1966.

3 R. S. Illingworth, *The Development of the Infant and Young Child: Normal and Abnormal*. Edinburgh and London 1960.

4 *Two to Five in High Flats*. Housing Centre Trust, London 1964.

5 D. M. Fanning, MB, BS, DPH, 'Families in Flats', *British Medical Journal*. November 1967.

6 Dr Jiri Musil, *Enquiry on Housing Requirements in Multi-Storey Houses in Czechoslovakia*. Prague 1964.

7 Stina Sandels, *Young Children in Traffic*. Stockholm 1968.

8 1939年3月29日制定のコペンハーゲン都市建築法では、8家族以上が住んでいる住区には、適切な子供の遊び場を設けなければならないと決められている。後に、1961年3月1日に制定された都市農村建築法のなかにも同じような規定がある。すなわち、住宅地の近隣にある子供の遊びに適したオープンスペースを開発して別途の利用をすることに対して、建築当局は反対できるのである。これは、オープンスペースが車庫や駐車場にかえられつつある時に実に大切なことである。

9 スウェーデン国立建築研究所では、世界各国の5歳から25歳ぐらいまでの子供や若者たちの余暇活動について、あらゆる面の情報を集めている。

OMEPのアメリカ合衆国委員会は、公園やレクリエーションセンターや保育学校やパブリックスクールでの遊び場の成功例についての情報を集めるための諮問委員会を作った。その研究成果は親たちのグループや造園家や都市計画家のためにも役立つものになるだろう。

1966年秋に連合王国の住宅地方行政省は、公営住宅地での子供の遊びについての一連の研究を始めた。この研究実施の決定は、同省が子供の遊びは大切な問題であることを指摘して行なってきた、数多くの調査の結果によるものである。研究はいろんな人口密度の地区と、また考えられるさまざまな遊びの施設を含んでいる。研究は二つの方法で行なわれている。ひとつは、地区の母親やその他の居住者へのインタビューによるものである。インタビューは住居や住棟配置についてのもっと広範な調査の一部であり、質問は遊びに限定されていない。もうひとつの方法は、子供たちが家庭の外でどのように住宅地を利用しているかについての実態調査である。これは、その住宅地での遊びの活動を体系的に観察することによって行なわれる。観察者は住宅地内を歩きまわり、アクセスバルコニー、階段、公共オープンスペース、遊び場、道路などあらゆる場所を観察する。そして、子供の年齢や性別、子供の行為の内容、その場所、単独でか集団でかの別、グループのメンバー構成などについて記録する。観察は一日中一定の間隔で、どんな天候のときでも、何日にもわたって行なわれる。

研究のねらいは、住宅地方行政省が住宅地での遊戯施設についてアドバイスする際の事実に基づいた根拠を得ることである。1967年の終り頃に、最初の研究報告が限定配布された。第2段階の研究が進められており、1968年の春に報告書が完成する予定である。遊びの研究は、1968年、1969年にさらに発展させるよう提案されている。(情報提供者：Mrs Barbara Adams, Sociological Research Section, Ministry of Housing and Local Government, Whitehall, London, S. W. 1.)

国際レクリエーション協会(The International Recreation Association 345 E. 46th Street, New York, N. Y. 10017)は、最近ジュネーブ(52, rue de Moillebeau)にセンターを設立した。それはレクリエーション関係団体の名簿作成、情報の収集、分類、広報を行なうためのものである。

国際遊び場協会(The International Playground Association)は創造的遊び場で仕事をした熟練者を募集している。さらに詳しい情報や世界の諸会議での最新の報告のコピーは、事務局で手に入れることができる。57B Catherine Place, London, S. W. 1.

10 London County Council Report, 1956.

11 *Children and play*, survey by Mrs J. F. Demers on Park Hill, Sheffield, 1966.

12 Letter to the author from the Director of Housing of the Greater London Council, October 1967.

13 Elizabeth Beazley, *Design and Detail of the Space between Buildings*, London 1960. この本には、いろんな舗装材の美的な利用法とその取扱い方について、たいへん役に立つことが書いてある。

14 コ・シール (Co-seal) は液体プラスチック仕上げである。ビチュプラス・シーラー (Bituplas sealer) は瀝青質タール防水や吸水性の表面に用いられる。Stewart Wales, Sommerville Ltd, Calderbank House, 99 Brownside Road, Cambuslang, Lanark.

15 砂場に適した砂の条件は次のようなものである。
   (a) 砂は100パーセント1/8インチ（3ミリ）目のふるいにかけられたものでなければならない。
   (b) 人工的に石を砕いたような鋭いものがあってはならない。目を傷つけたりするのはこうしたとがった粒だからである。
   (c) 砂は、手にとってみて手がよごれない程度、白布にのせてみてそれが変色しない程度にきれいなものでなければならない。

141

こうしたきれいな砂を得るために，砂を何度も砂洗い機に通すことをいやがる供給者が多い。望み通りの質の砂を得るために，地方自治体が直接生産者と交渉することを考えてもよいだろう。大きな自治体なら自分たちで砂を洗うことを考えてもよい。地方水道局では砂で水をろ過している。この装置はたえず使われているわけではないし，子供の砂をきれいにするのに使えるかもしれない。

困難な場合には，英国砂砂利協会 (The Sand and Gravel Association of Great Britain, 48 Park Street, London, W.1.) が適切な砂を得るための援助を快くやってくれる。問い合せは事務局長宛にする。協会によって上記のような仕様書が快く提供されて以来，協会は地方自治体からこのような質の砂が適切かどうかについての報告を受けたいと願っている。協会では，適切な砂のための正しい条件を見出すことを切望しているからである。協会の研究部では，砂のサンプルでそれが適切なものかどうか快く試験してくれるが，依頼が多すぎるときにはそのサービスを断ることがある。

16 未成育の樹木を植えるときには，根がしっかりはるまで何らかの方法で樹木を安定させる必要がある。3, 4本のスチールのささえ綱を張る方法がよく用いられる。しかしこれは歩行者の邪魔になるし，子供のいたずらのたねにもなる。もうひとつの方法は2本のデッドメンを置くことによるものである。それは移植のために掘られた穴の底につくられたみぞにおかれた木やコンクリートや鉄道の枕木である。スチールの針金がその一方から根巻の上部をまわしてもう一方へかけられる。次に針金は引締められ，根の損傷を防ぐために根巻をおおって木製のスプレッダーが用いられる。舗装された場所に植樹する時は，穴は砂利や煉瓦や花崗岩ブロックなどのような隙間のある素材でおおわなければならない。こうすると空気が根まで浸透することができる。そうしないと樹木は枯れてしまうのである。（情報提供者：Civic Trees, Arbour House, Hemp Lane, Wigginton, Tring, Herts.）

17 英国保育学校協会 (The Nursery School Association of Great Britain, 89 Stamford Street, London, S.E.1.) は関連するあらゆる情報を提供してくれる。

18 The Save the Children Fund, 29 Queen Anne's Gate, London, S.W.1.

19 Dorothy R. May. *Suggestions for Play Activities for Young Children*, London 1966. この本から，即興の遊びのための有益な指導が得られる。

20 就学前プレイグループ協会 (The Pre-School Playgroups Association, 28 Commercial Street, London, E.1.) は協会に加盟しているすべてのプレイグループに援助してくれる。

21 *How to Form a Play Group*, BBC, London 1967.

22 ワン・オクロク・クラブ (the One O'Clock Clubs) についてのもっと詳しい情報とその所在地については，プレイリーダー協会で得られる。Play Leader Organizer, GLC Parks Dept., Cavell House, 2A Charing Cross Road, London, W.C.2.

23 Letter to the author, 1947.

24 *Insurance*. (Booklet No.1, National Playing Fields Association.) London 1967.

25 Home Office Report, 1967.

26 Jens Sigsgaard, *The Playground in Modern Danish Housing*. (Danish Foreign Office Journal, No.54.)

27 補助金，リーダーの給料，勤務時間，遊びの素材，保険，規約，冒険遊び場の組織とその所在地などについてももっと詳しい情報は，次のところで得られる。(a) The National Playing Fields Association, 57B Catherine Place, London, S.W.1. (b) The London Adventure Playground Association, 4, Lansdowne Road, London, W.11.

28 Pro Juventute Swiss Institute, Zürich, Switzerland.

29 Børge T. Lorentzen, *Children and Animals*.

30 Robin C. Moore. 1962年ロンドンのユニバーシティ・カレッジ建築科卒業。1966年11月，マサチューセッツ工科大学都市地域計画の修士の資格の一部取得を受ける。
このプロジェクトは，ボストン再開発当局とサウスエンド近隣活動プログラム（地元の貧民機関）とレノックス・キャムデン借家人協会によって着手され，維持されてきた。プロジェクトの終りのころに，ボストン・コミュニティ開発行動隊からの資金援助が得られた。

31 (a) Worldwide Butterflies, Ltd, Over Compton, Sherbourne, Dorset.
(b) Butterfly Farm, Ltd. Bilsington, Ashford, Kent.

32 ビルディングブロックを入れる箱は頑丈なつくりで，前面は強力な鎖で引きおろされる。長さは5フィート(150センチメートル)，幅は3フィート(90センチメートル)，高さは3フィートである。箱には，赤い染料で処理された乾燥したカバ材で作られた216個のブロックが入れられる。ブロックの長さは4から1フィート(120から30センチメートル)までさまざまである。箱は完全に風雨に耐え，しっかり錠をかけられるので，一年中戸外に置いても損傷をうけることがない。この箱はストックホルム公園課の承諾を得たスウェーデン式デザインによっている。
遊び場での酷使に耐えられるよう特別にデザインされたさまざまなサイズと形の手押車が，現在，工場のトロッコや手押車のメーカーによって製造されている。箱と手押車とテーブルは，バウリーズ・トラック・アンド・ブラッシ株式会社から入手できるだろう。(Bowleys Trucks and Brushes, Ltd, Station Works, Flitwick, Bedford.)

33 プレイパークについての全情報は次のところで得られる。GLC Parks Department, County Hall, London, S.E.1.

34 人工の丘の舗装についての専門的アドバイスは次のところで得られる。The Cement Gun Co., Hanworth, Middlesex.

35 建築家のデザインによるすべり台や雲梯は次のところで手にはいる。Messrs G.L.T. Products, Ltd, Dawley Trading Estate, Stallings Lane, Kingsford, Staffordshire.

36 この公開討論会のために，1948年の児童法 (the Children Act) がすみやかな可決に導かれた。

37 *The Times*, 31 July 1944.

38 *The Welfare of Children in Hospitals*. London 1959.

39 *Play in Hospital*. London 1967 (The UK National Committee of the World Organization for Early Childhood Education (OMEP) Housing Centre Trust, 13 Suffolk Street, London, S.W.1).

40 Eva Noble, *Play and the Sick Child*. London 1967.

41 *The Hospitalized Child and His Family* (ed. Dr Alex Haller). Oxford 1968.

42 Director of Children's Recreation Service, Bellevue Hospital Center, New York, N. Y. 10016

43 身体障害児のためのホリデークラブの組織法についてもっと詳しい情報は，次のところで得られる。Secretary, Cheyne Holiday Club, 61 Cheyne Walk, London, S. W. 3.

44 身体障害児のための冒険遊び場についての情報は次のところで得られる。The Secretary, Handicapped Adventure Playground Association, 2 Paultons Street, London, S. W. 3.

45 J. Tizard, 'Residential Care of Mentally Handicapped Children', *British Medical Journal*, 1960, pp. 1041-46.

46 Elspeth Stephen and Jean Robertson, *Special Education*, vol. LV, no. 4, London, 1966.

47 Professor Frank J. Hayden, Associate Professor of Physical Education, University of Western Ontario. Physical Education Consultant, Joseph P. Kennedy Jr. Foundation, Washington, D. C.

48 *Report of the Committee on Maladjusted Children*, London 1955 (latest reprint, September 1965).

引用写真出典

Amsterdam, Public Works Department 39, 70, 71 above, 71 below, 81, 91 above, 114 above, 114 below, 115; 'Architect's Journal' 12, 19 above left, 19 below right, 22; Peter Bell 126, 134, 136, 137 above, 137 below, 138; Arvid Bengtsson 26 above, 26 centre, 26 below, 27 above left, 27 above right, 27 centre, 27 below, 31 centre, 31 below, 34-35 above, 35 above right, 38, 80; Stig Billing 16 above right; Bowen Hills, Bribane 131; Brian Brake 59, 61 below left; Peto Breidale 30 above left; Michael Brown 27 below; John Brookes 32 left; Bryan and Shear Ltd, Glasgow 33 above right; Donne Buck 16 left, 62 below left, 80 centre left, 81 below left; Clive Capel 54, 68 above right; Adrian Cave 94 above left; Ronald Chapman 81 above; Jean Dallet 132 above, 132 below, 133; Richard Dattner 100, 101, 102-103; John Drysdale, Camera Press Ltd, London 60; Richard Einzig 26, 27 above; Feature Photography, London jacket cover, 63 below, 70; Fox Photos 14, 42 below, 79; M. Paul Friedberg and Associates, New York 116 above, 116 below, 116-117 : Peter Gilbert 46 below, 92; Greater London Council Parks Department 52, 53 above, 93, 94 below, 95; Gösta Glase 90; E. G. Goldring 18 centre left; William Graham, USA 30 below left, 43 below left, 43 below; Henry Grant 57; Bodfam Gruffydd 33; Hic Hilsson 97 below left; David Hirsch 108 above right, 108 below left, 109, 110 above, 110 below, 111, 112, 113; Robert Howard 128; I. R. Sterm 17 right, 24 above left; Keystone Press Agency 13; Patrick Kinnersley 18-19 centre; Ann-Marie Lager-crantz 10, 81 below right, 122; Børge T. Lorentzen 72; G. Macdomnic 2: Gordon Michell 24 below; Michell and Partners, Architects 65 above, 65 below left; Jane Miller 62 below right, 65 below right, 66, 129 above right, 129 below right; Mary Mitchell 18 above right, 32-33 above centre, 96, 97 above right, 98; Robin Moore 73, 75 above, 74-75 below, 77; North London Press 42 above; Philadelphia, City Records Department, USA 104 above, 104 below; Philadelphia, Recreation Department, USA 31; Thomas Picton 78; Queen Mary's Hospital 130, 131 above right; Claire Ritchie 69; Royal Danish Ministry for Foreign Affairs 8; Val Rylands 15 below right, 40, 48, 50, 51 above 51 below 53 below, 62 above left, 118 above, 118 below; Kjell Sandström, Kamera Norr, Sweden 34-35 below; Save the Children Fund (Public Relations Department) 47; Henk Snoek 19 above right; C. Th. Sørensen 30 below left, 30 above left; Marilyn Stafford 15 below left; Richard G. Stein and Associates, New York 106 above left, 106-107 below, 107 above right; Bertil Stilling 91 below left; Stockholm Parks Department 82, 84 above left, 85 above, 85 blow, 86, 87; Sven Thoby 99; 'The Times' 124, 125 above; Colin Westwood FHP, FRPS 44, 45 above, 45 below, 64, 67; A. Whittington 63 above left; Guyse Williams Incorporated Photographers, Cheshire 120, 121; Jill Wiltshire 46 above; John Winkley 61 above right World Health Organization 30 below right.

訳者あとがき

初めてこの本を手にした時のことを思いだす。一連の写真が強く語りかけてきた。それは、自動車の少ない頃の地方都市に育った私たちの子供時代を思いださせた。数枚の写真は既に他の本でも見たものだったが、児童公園のスタイルブックの中に収められた時とは違って、ここでは実に生き生きと見えた。子供と遊びに焦点を合わせて写真が選ばれているせいなのだろうかなどと思った。

当時、私はいくつかの地区設計に関係し、住む機能が都市から次第に追い出されることに疑問を持っていた。妻は2人目の子供の出産のため、これまでの職場を離れようとしていた。東京の小さいアパートに住みながら、2人の子供たちに写真の中でのような豊富な体験をさせることは無理なのだろうか——などと話しあった。上の子は片時もテレビの前を離れないのである。

この本を2人で読みだしたのは、こうした個人的な興味からであったが、読み進むに従って、私たちが知らなかったり気付かなかったりすることがあまりにも多いのにおどろかされた。この本は、プランナーや役人を含む専門家に、世界各地で試みられている新しい遊び場についての情報を提供することを意図している。内容は子供の遊びを軸とした公園設計と運営の実例、都市の計画や行政、子供の教育から身心障害児の生活にまで及んでいる。ひとつひとつの実例が、日本の現実を規準にしている私たちにはショックであった。最近、多くの人がヨーロッパやアメリカを旅行するが、旅行社のつくったプランでは、こうした日常生活を見ることはほとんど不可能である。私たちは、子供の成長のためには、家やその周辺の空地に子供の遊びに対する配慮があるべきだなどとは思ってもみずに、ある描かれた理想の人生コースに子供たちをはめこむことに夢中になっていたのではないだろうか。

著者は「遊びの機会」という言葉を「教育の機会」と同じような意味で重要だと考えている。子供たちに豊富な「遊びの機会」を与えるために、もっと積極的で根気強い活動が必要なのではあるまいか。私たちはこの本を専門家にまかせずに広く親たちに読んでもらいたいと考えた。この拙訳を出版することにした動機はそこにある。初めての経験であり、知らない領域の事項も多いので間違いも多いのではないかと心配である。今後も親切な読者のアドバイスでよい本になおしていきたいと思う。

最近各種の建設活動に、地区住民の意見が大きな力を持つようになった。この住民パワーを今日のような否定的な意志表示にとどめず、明日をつくる子供たちの健全な発育を期待する積極的な活動へと転換すべき時ではないだろうか。

終りに、この訳出にあたって終始いろいろ励ましを与えられた鹿島出版会の植松重信氏ならびに住吉章氏に厚く感謝したい。

1973年正月　　　　　　　　　　　　　　　　大村虔一

索引

あ——
遊びの機会 play opportunity　58, 107, 139
家づくり house-building　71
維持管理 maintenance　39
いろんなものをつくる活動 general construction　76
ウェンディ・ハウス Wendy house　48〜51, 131
動かせる素材（材料） movable material　35, 46, 76, 86
動かせる用具 movable equipment　89
英国王立整形外科病院 Royal National Orthopaedic Hospital School　119
英国海軍士官学校 Royal Naval Training School　131
エンドラップ（廃材遊び場） Emdrup (waste material playground)　9, 55
屋上保育学校 rooftop nursery school　42
奥まった遊び場 secluded playground　39

か——
階段式劇場 amphitheatre　107, 108, 110,
隔離 seclusion　30, 31
花崗岩ブロック granite setts　30, 31, 33
学校設置規定（1959年）The Standard for School Premises Regulations (1959)　105
滑走棒 glide bar　94
がらくた junk　76
がらくた遊び場 junk playground　9
がらくた置場 junk yard　55
枯れ木林（木登り用） thicket of dead tree trunks (for climbing)　30
監督者のいる遊び場 supervised playground　12, 48, 49
樹の家 tree-house　117
筋ジストロフィー muscular dystrophy　128
近隣公園 neighbourhood playground　48, 105〜117
クライミング装置 climbing apparatus　120
グループ・イマジネーション group imagination　76
建設用地 building site　55
公共オープンスペース public open space　26

荒地 rough land　79
固定された砂利 stabilized gravel　100
固定された装置 fixed equipment　90, 92

さ——
財団の体育コンサルタント Physical Education Consultant to the Foundation　133
サンドトレイ sand-tray　36
シェルター shelter　88
室内外両用じゅうたん indoor-outdoor carpeting　42
児童救済基金（SCF） The Save the Children Fund　46
自動の車椅子 self-propelled wheelchair　124
児童福祉法（デンマーク, 1965年） Children and Juvenile Welfare Act　63
芝生の小山 grass mound　31
借家人協会 Tenant's Association　41
就学前児童プレイグループ協会 The Pre-School Playgroups Association　47
住宅地の遊び場 housing estate playground　35
蒸気できれいにされた炭がら steam-cleaned cinder　34
情緒障害児 subnormal children　130〜134
情緒不安定児 emotionally disturbed children　102, 123
小児科 Department of Pediatrics　120
小児のための内科と外科の医療センター Children's Medical and Surgical Centre　120
小児麻痺 poliomyelitis　128
シルト silt　34
身体障害児 handicapped children　127
浸透装置 soakaway　37
水陸装備特攻隊の網 commando net　131
砂遊び場 sand area　115
砂場 sand-pit　30, 36, 66, 98
スプラッシュ・プール（水しぶきプール） splash pool　31, 101
スプレイ・プール spray pool　37
精神障害 psychiatric disorder　121

146

脊髄破裂症 spina-bifida 128
セメントの釉薬仕上げ cement glaze finish 68
全天候の遊び場 all-weather play area 123
全天候の小路 all-weather path 123
造園 landscaping 26
造園学会会員 FILA 96
総合遊び場（総合公園）comprehensive playground 29, 70

た——
大ロンドン州 (GLC) Greater London Council 24, 25
大ロンドン州(議会)の公園課 Parks Department of the GLC 52, 92, 95
建物づくりの素材 building material 91, 122
玉石 cobble 31
玉砂利 pebble 33
チェルシーの脳性麻痺児童センター Center for Spastic Children in Chelsea 127
地表仕上げ surfacing 34
地表仕上げの素材 surfacing material 34
地方公共団体 local authority 16, 28
泥炭ごけ peat moss 34
テリレン製縄梯子 terylene rope-ladder 131
土地造成 ground-shaping 31, 32

な——
「何々遊び」という名前のない遊び incidental play 23, 27, 91, 104, 107
認可学校 Approved School 60
粘土 clay 34
脳性小児麻痺 cerebral palsy 128

は——
廃材遊び場 waste material playground 9, 55
排水 drainage 34, 37, 39
パーゴラでおおわれた遊び場 trellis covered area 106
病院の遊び場 hospital playground 121

不適応児 maladjusted children 135〜137
プランナー planner 12
プレイパーク play park 85〜103
プレイパークのプレイリーダー the leaders in play parks 94
プレイリーダー play-leader (leader) 56
プレイリーダー協会 Play Leadership Organizer 95
米国国立教育協会 United States National Education Association 11
保育プレイグループ nursery play group 49
冒険遊び場 adventure playground 55〜83
冒険エリア adventure area 92
ボランタリー組織 voluntary organization 63

ま——
慢性精神身体障害 chronic psychosomatic condition 120, 121
水遊びプール paddling pool 42, 43, 66, 86, 87, 98, 115, 125
木製遊具 timber play equipment 34

や——
幼児教育世界機構の連合王国国家委員会 (OMEP) The UK National Committee of the World Organization for Early Childhood Education 119
幼児福祉センター infant welfare centre 47

ら——
臨時の遊び場 temporary play area 116
ロンドン教育委員会 The Inner London Education Authority 46
ロンドン社会事業協議会 London Council of Social Service 48
ロンドン州庁のプレイリーダー・オルガナイザー The Play Leader Organizer at County Hall 52

わ——
ワイアラル・アソシエイテッド・スクール・プロジェクト・ソサイエティ (WASPS) Wirral Associated Schools Projects Society 124
ワン・オクロク・クラブ One O'clock Club 52

著者紹介
アレン・オブ・ハートウッド卿夫人
Lady Allen of Hurtwood

イギリスの造園家，福祉活動家（1897～1976）。この本を書いた時点で，イギリス造園学会副会長，イギリス保育学校協会副会長，幼児教育世界機構（OMPE）初代会長，ロンドン冒険遊び場協会長，障害児ホリデイクラブ会長。1944年に施設児童の生活を告発した単独キャンペーンで，1948年の児童憲章を実現した。本書のほかに，翻訳されてないが『冒険遊び場』『プレーパーク』『教育のない夫人の自叙伝』などの著書がある。

訳者紹介
大村虔一（おおむら・けんいち）

都市設計家（1938～）。大村虔一＋都市デザインワークス，NPO法人日本冒険遊び場づくり協会代表，宮城県教育委員会委員長などを務める。東北大学大学院教授，宮城大学副学長，（財）宮城県地域振興センター理事長などを歴任。翻訳当時，（株）都市計画設計研究所経営の傍ら，地域のニーズを反映したまちづくりを求めて，社会が軽視している子どもの遊びへの親の思いから，家庭の仕事として妻とともに冒険遊び場づくりを進め，設立当初の世田谷ボランティア協会理事として，「羽根木プレーパーク」の区と住民の協働システムをつくる。都市設計家の仕事として「東京オペラシティ」などがある。

大村璋子（おおむら・しょうこ）

日本への冒険遊び場の紹介者で活動推進者（1940～2008）。本書の翻訳を契機に，IPA（子どもの遊ぶ権利のための国際協会）初代日本支部長のかたわら，夫とともに地域住民手づくりの冒険遊び場運営をスタートし，世田谷区と協働の羽根木プレーパーク創設，全国の遊び場づくり運動のきっかけをつくった。著書に共著も含め『冒険遊び場がやってきた』『子どもの声はずむまち――世界の遊び場ガイド』『自分の責任で自由に遊ぶ――遊び場づくりハンドブック』『遊びの力』などがある。

本書は，1973年に当社より刊行されたものの新装版です。

都市の遊び場［新装版］

2009年9月30日　発行

訳　者　大村虔一
　　　　大村璋子
発行者　鹿島光一
発行所　鹿島出版会
　　　　107-0052 東京都港区赤坂6-2-8
　　　　電話　03-5574-8600
　　　　振替　00160-2-180883
　　　　http://www.kajima-publishing.co.jp/
印　刷　三美印刷
製　本　牧製本

©Kenichi Ohmura 2009
ISBN 978-4-306-07272-5 C3052
Printed in Japan
無断転載を禁じます。落丁・乱丁はお取り替えいたします。